北京市教育委员会专项（01691854220101）资助

市场监管的
新格局与新视野

Shichang Jianguan De Xingeju Yu Xinshiye

刘智勇 / 著

首都经济贸易大学出版社
Capital University of Economics and Business Press
·北京·

图书在版编目(CIP)数据

市场监管的新格局与新视野/刘智勇著. -- 北京:首都经济贸易大学出版社,2018.10
ISBN 978-7-5638-2886-9

Ⅰ.①市⋯　Ⅱ.①刘⋯　Ⅲ.①市场监管—研究　Ⅳ.①F203.9

中国版本图书馆 CIP 数据核字(2018)第 236599 号

市场监管的新格局与新视野
刘智勇　著

责任编辑	彭　芳
封面设计	风得信·阿东 FondesyDesign
出版发行	首都经济贸易大学出版社
地　　址	北京市朝阳区红庙(邮编100026)
电　　话	(010)65976483　65065761　65071505(传真)
网　　址	http://www.sjmcb.com
E - mail	publish@cueb.edu.cn
经　　销	全国新华书店
照　　排	北京砚祥志远激光照排技术有限公司
印　　刷	人民日报印刷厂
开　　本	710 毫米×1000 毫米　1/16
字　　数	207 千字
印　　张	11.75
版　　次	2018 年 10 月第 1 版　2019 年 10 月第 2 次印刷
书　　号	ISBN 978-7-5638-2886-9/F·1586
定　　价	38.00 元

图书印装若有质量问题,本社负责调换
版权所有　侵权必究

序

智勇同志邀我为他的书稿作序,我略一踌躇,便欣然应允。

说实话,作序这种事情,我通常是不应的。一则学生、学友太多,不好平衡。二则专业较为广泛,要求较高,不敢枉做评论。三则年龄偏大,精力有限。写和不写都不太好,而不写的原则是相对明确的。智勇此约,略有不同。因为研究工作和学科建设的需要,近几年和他接触较多。他博士毕业于日本东北大学,学的是公共管理,归国后原本是想读我的博士后,但后来由于种种外部原因,最终没能进入正式序列,笑称编外学生。但他思维敏捷,视野开阔,基础扎实,谦虚勤奋,给我留下了很好的印象,我们之间也就有了良好的交往开端。智勇所就职的首都经济贸易大学,在工商行政管理和市场监管领域的学科专业建设以及研究方面有较长的历史和较多的资源,这是它的学科优势。我自20世纪90年代以来对这个领域研究较多,兴趣使然,故始终关注。在接触中了解到,智勇到工作单位后面临专业和研究重点的调整和转型,但他适应很快。他从学习和梳理工商行政管理的基础性资料和研究做起,逐步扩展到食品安全、环境、城市治理等诸多领域,专注于市场监管的研究,博观约取,厚积薄发,主持和参与了很多该领域的研究课题,撰写了多篇有质量的论文,目前已小有成绩。摆在案头的这本书,便是他近年来埋头苦读、抬头看路的思考结晶,对政策、理论和实践都把握得比较好,有见解、有创新。他还参与推动了国内首个专门研究市场监管领域的学术研讨平台——"科学监管与监管科学论坛"的发展,该论坛目前已连续举办四届,多次邀请这一领域的国内优秀学者与会。这项工作是卓有成效的。我也乐见其成,多次参加活动并给予支持。此其一。

从党的十四大算起,我国的市场经济建设已历二十余年,成就巨大。这和中央及各级行政部门对政府职能和市场监管的认识逐步深化密不可分。伴随市场经济的快速发展和简政放权、行政审批制度改革的不断深化,中央对政府市场监管的职能不断有了新的认识,从行政管理角度来说,我国已步入监管的时代。党的十四届三中全会明确提出要"建立我国有权威的市场监督管理机构"。党的十五大后,通过机构改革,大幅精简专业经济管理部门,市场进一步开放,同时也加强了执法机关的建设,强调政府在市场监管中的作用。党的十六大对政府职能又做了新的概括,指出政府主要承担经济调节、市场监管、公共服务、社会管理四大职能,加深了人们对社会主义市场经济条件下政府职能的认识。2003年国资委、银监会等一批监管机构设立,监管的规范化和系统化问题日益受到重视。党的十八届三中全会对监管问题的认识又有一个新跨越,指出经济体制改革是全面深化改革的重点,核心问题是处理好政府和市场的关系,使市场在资源配置中起决定性作用和更好地发挥政府的作用。市场决定资源配置是市场经济的一般规律,健全社会主义市场经济体制必须遵循这条规律,着力解决市场体系不完善、政府干预过多和监管不到位的问题。同时,党的十八届三中全会也明确指出"政府的职责和作用主要是保持宏观经济稳定,加强和优化公共服务,保障公平竞争,加强市场监管,维护市场秩序,推动可持续发展,促进共同富裕,弥补市场失灵"。这就对政府进行市场监管的价值理性和科学性提出了更高要求。党的十九大后,在2018年3月出台的深化党和国家机构改革的文件中,中央又进一步明确提出要改革和理顺市场监管体制,整合监管职能,加强监管协同,形成市场监管合力。在改革理念方面,大力推进"放、管、服"改革。从上述回顾中可以看出,随着我国对市场经济及其规律认识的不断深化,对政府职能转变的不断推进,监管问题越发受到重视,而怎样进行科学监管和如何推进监管科学的研究,努力实现更多的自由和更好的监管,仍然是摆在监管领域实践者和理论工作者面前的重要课题。在这方面,我们的研究力量还相当薄弱,成果非常单薄,还需要更多优秀的学者扎扎实实、孜孜不倦地进行研究、探索。智勇同志年轻有为,勇于攻坚,在这方面已经有了好的研究基础和成果,是令人欣慰的。此其二。

未来是属于年轻人的,监管实践将大有可为,监管研究也必将大有作为。

是为序。

教育部公共管理类本科教学指导委员会主任委员
东北大学原副校长、教授、博士生导师
2018 年 10 月 12 日

前　言

维护市场公平竞争和交易，修正"市场失灵"，进行市场监管，是现代社会政府的重要职能之一。在我国市场经济体制建立过程中，政府在维护市场秩序、规范市场运行乃至进行市场培育和提供市场服务等方面的职能愈发受到重视。党的十八届三中全会指出，市场经济体制改革是全面深化改革的重点，核心问题是处理好政府与市场的关系，使市场在资源配置中起决定性的作用和更好地发挥政府的作用。在使市场在资源配置中起决定性作用的同时，如何更好地发挥政府的作用，如何进行科学监管，提升监管效率和质量，成为政府监管领域研究者和实践者的重要课题。

党的十四大召开以来，我国的市场经济建设成就斐然，市场活力和社会活力得到极大的激发，这和中央以及各级行政部门对政府职能和市场监管的认识逐步深化密不可分。特别是近几年，随着商事制度改革和营商环境的不断改善，市场监管的职能作用发挥愈发受到重视，我国市场监管的研究也逐步从经验性向规范性、系统性和科学性迈进。在这伟大的变革时代，能为市场监管的实践和理论做一些基本的梳理和研究工作，是我辈的幸事，也是我辈的责任。

笔者将十年来对工商行政和市场监管的一些理论和实践的学习心得、理性思考和研究、综述，以文集的形式呈献给读者。本想用一个系统的框架来对现代社会市场监管的基本原则、内在机理、体制机制、制度保障、路径优化、未来方向等几大方面做一番系统论述，但主题过于宏大，论述则不免空洞、空泛甚至乏味，倒不如就一个一个问题、一个一个角度来论述的文章来得实在，使读者能够抓住要点，有所收获。因此，笔者选取了对相关问题思考得较为深入、系统和有些创新性观点的文章，以便和这一领域的实践者、理论研究者以及对此有兴趣的研究者做更便捷、更轻松的交流。

本书分为上下两篇。上篇重点围绕市场监管理论和工商行政管理部门的实践,就市场监管的内涵与工商行政管理的基本任务、理论新视野、市场监管新格局的调整与再造、工商工作社会化问题、工商行政和市场监管干部队伍建设和基层所长能力建设,以及党的十九大以后市场监管的新机遇、新挑战和新动能展开论述,总体上是按时间序列进行编排的,保持和体现了时间上的连续性和认识上的递进性,也是对理论变迁的记录和思考。下篇选择了一个特定的领域,即笔者关注和研究的重点——食品安全监管与治理进行论述,内容包括食品安全监管体制机制、复杂性挑战、实践中的问题与难点、战略研究的挑战与未来等,重点突出在中央"四个最严"新要求和新形势下对食品安全社会共治问题的理论解析和思考,也遵循了时间上的连续性和认识上的递进性,其中对"社会共治"原则的阐述是在2010年,体现了一定的理论前瞻性。现在社会共治已经写进了新的《食品安全法》,体现了学术研究对国家法律政策出台的呼吁和推动作用,让笔者颇为兴奋。本书定名为《市场监管的新格局与新视野》,也是对书中诸篇文章内容的提炼。为便于阅读和理解,笔者为每篇文章编写了摘要,希望能对读者起到提示、引领的作用。

在本书即将付梓之际,中共中央通过并发布了关于深化党和国家机构改革的方案,明确提出要改革和理顺市场监管体制,整合监管职能,加强监管协同,形成市场监管合力。改革方案提出:将国家工商行政管理总局的职责,国家质量监督检验检疫总局的职责,国家食品药品监督管理总局的职责,国家发展和改革委员会的价格监督检查与反垄断执法职责,商务部的经营者集中反垄断执法职责以及国务院反垄断委员会办公室等的职责整合,组建国家市场监督管理总局,作为国务院直属机构。改革后的政府部门在市场经济领域如何更好地发挥作用,如何进行科学监管?学界怎样推进监管科学的研究?市场和政府怎样实现更多的自由和更好的监管?这些仍然是摆在政府部门领导者、监管领域实践者和理论工作者面前的重要课题。希望本书的出版,能够对研究同道起到呼吁作用,唤起大家共同为监管改革贡献力量,迎接监管科学新时代的到来。

目 录

上篇　工商行政管理与市场监管

市场监管的内涵与工商行政管理的基本任务 …………………… 3
公共管理视域下工商行政管理职能转变的若干思考 …………… 42
再造市场监管新格局:多元共治视野下的市场监管模式创新研究 ……… 52
工商工作社会化刍议 ……………………………………………… 66
管理创新与工商所长创新能力提升的理论思考与路径 ………… 73
"新常态"下工商行政管理干部队伍建设研究
　　——基于G省区的调查分析 ………………………………… 83
市场监管的新机遇、新挑战、新动能 …………………………… 105

下篇　食品安全监管与治理

多元共治:我国市场监管模式的改革取向与现实困境
　　——兼析食品安全市场监管的"体制之痛" ………………… 117
社会共治的内在机理与食品安全社会共治的复杂性挑战 …… 130
我国农产品批发市场食品质量安全监管研究:议题、重点与方向 ……… 140
我国食品安全战略研究的挑战与未来 …………………………… 155

不是一个人的战斗(后记) ………………………………………… 175

上篇
工商行政管理与市场监管

市场监管的内涵与工商行政管理的基本任务[*]

【摘要】 维护市场秩序，进行市场监管是现代社会许多国家及其政府的重要职能之一。由于市场本身存在的缺陷即"市场失灵"在自由市场经济条件下不可避免地发生，所以政府干预或监管就成为市场秩序得以确立与维护的必要条件和重要任务。市场监管本质上是一种维护市场秩序、规范市场运行的管理活动（其中也包括对市场相关利益者合法权益保护的内涵）。市场监管的核心目标是建立和维护运转协调、结构合理的市场秩序，以实现社会资源的有效、合理配置。市场监管部门的基本任务是通过对市场经济活动的监督管理，协调市场交换活动中的各种关系，规范商品生产者和经营者的各种行为，保护合法交易，制止侵权行为，促使商品生产者和经营者依法进行市场经营活动，维护消费者的合法权益，从而为营造良好的市场环境和经营秩序保驾护航，促进市场经济良性运转和充分发展。

一、理解市场监管

（一）市场监管的内涵和外延

虽然市场监管这一概念在社会科学众多领域被广泛应用，但对于什么

---

[*] 本文为《工商行政管理新论》（中国人民大学出版社，2010年版）部分章节的初稿。为作者较早系统梳理思考市场监管理论与工商行政管理关系、工商行政管理定位的研究成果，保留了根据当时的历史发展进行的总结思考。

是市场监管，市场监管的内容、目标、范畴等，到目前仍没有统一的认识。国内学术界比较普遍的观点是，市场监管是政府管理经济的一种重要职能，它是政府为弥补"市场失灵"、维护正常的市场秩序，对市场主体及所从事的市场交易和竞争行为进行的监督和管理[①]。也有学者认为，这样的认识过于狭隘。必须从公共管理和公共治理的视角来认识和理解市场监管的内涵，重新审视市场监管的职能、作用及监管的方式和方法。从公共治理的视角看，市场监管本质上是公共事务的治理。市场监管所涉及的事务完全符合公共事务的定义，市场监管的行为涉及全社会公共利益。所以市场监管活动是涉及公共利益和公共事务的活动，是"市场失灵"条件下或市场机制不起作用的范围内政府和有关部门的监督管理活动[②]。

笔者认为，上述两种代表性观点皆有可取之处，也都存在一定不足。若仅把市场监管看成政府的职责、职能，则忽略了公共事务管理主体的多元性。若将市场监管的本质笼统地概括为对公共事务的管理，则会使得市场监管丧失自己的特性。笔者认为，市场监管指的是政府或社会相关组织依法对企业、行业生产、经营行为或市场秩序及市场要素的规范、监督与管理活动。随着市民社会的兴起和传统国家职能的变迁，市场监管的主要力量是政府但又不能局限于政府，政府只是市场监管的重要主体之一。从完善市场监管的体系和公共管理的视角看，社会中介组织（如行业协会）作为市场监管的力量不容忽视。同时，市场监管主要针对的是对商品经济中市场各环节及市场要素的监管，侧重微观监管而非对经济进行宏观调控，更不是对市场经济条件下的所有公共事务的管理。需要指出的是，在现代经济学中，国家调节经济的职能一般分为两大类：一类是市场监管；一类是宏观调控。在谈到宏观调控时，人们往往容易将市场监管纳入其中或者相互混淆。实际上，市场监管和宏观调控有着不同的内涵和外延。宏观调控侧重于宏观经济层面，指的是政府对财政、货币、汇率等进行总量调整的政策和管理活动。宏观经济指的是总量，如政府的总支出和总收

---

① 肖兴志，宋晶. 政府监管理论与政策 [M]. 大连：东北财经大学出版社，2006：206.
② 杨松. 公共治理视野下的市场监管边界和监管方式 [J]. 商场现代化，2008（32）.

入、货币的总供给、国内生产总值（GDP）的增长率、劳动就业率和失业率，以及影响整体市场的价格参数，如利率、汇率等。市场监管侧重于微观、具体的经济层面，不仅企业属于监管范畴，而且某一行业（汽车、房地产、农资）、单个市场（钢材、煤炭、电力）和市场要素（商品、资金、土地、技术、信息）都属于监管范畴。

市场监管本质上是一种维护市场秩序、规范市场运行的管理活动（其中也包括对市场相关利益者合法权益保护的内涵）。市场秩序是指一种有条理、有规则的市场运行状态和环境，包括市场的进入秩序、市场的运行秩序、市场的竞争秩序和市场的退出秩序。怎样才能维护好市场秩序和保持市场运行是定位市场作用和政府职能的关键。是市场自发调节还是政府干预？这是一个历久弥新的课题。市场经济是一种历经几百年发展才逐渐形成的复杂而精巧的体制。市场生产、经营主体随时关注市场信息，对市场变化反应灵敏，市场的微妙变化很容易被捕捉到，每一个生产、经营主体依靠自身获得的信息进行判断，及时采取不同的策略应对瞬息万变的市场波动，追求最大化的企业利润和效益。市场通过价格机制、供求关系和竞争机制，自发调节市场生产、经营主体的活动，通过优胜劣汰激发市场活力；根据社会产品的供给量和需求量等市场信号来调节社会生产和需求，最终实现供求之间的基本平衡，实现资源配置。在市场经济环境中，市场机制发挥着基础性的资源配置功能，是市场经济之所以能优化配置社会资源的根本条件。市场经济能够长期运行，证明它在完全竞争的条件下能够实现信息传递、刺激竞争、调整供求关系、促进技术进步和提高生产效率等。但是，由于现实经济生活很难满足完全竞争性市场所严格假设的种种条件，退一步说，即使满足了这些条件从而市场机制能够实现帕累托效率，资本的逐利性也使得诸如收入和财富分配不公、自发竞争导致经济波动和市场秩序混乱等问题得不到解决，所以很容易引发"市场失灵"（Market Failure）现象。

"市场失灵"是一种客观存在。其主要表现有：由于不能提供产权模糊的公共产品和公共服务，所以达不到资源的合理配置；由于存在经济负外部性，而且其影响到了价格信号，所以资源配置的效率低；资源的稀缺性和规模经济性的作用，使市场容易由一个或数个卖者垄断，因而排斥充分的竞争；因信息不对称而导致市场活动具有盲目性，将损害多数经营者和全体消费者的利益。因此，单靠市场机制调节可能出现诸如收入分配不公、经济波动和宏观经济总量失衡及与此相关的失业和通货膨胀等问题，乃至产生贫富差距拉大到产生阶级对立、经济危机周期性爆发等问题。因此，市场经济中客观存在的垄断、不完全竞争和"市场失灵"，推动了经济规制理论的研究和实践。著名的公共利益理论（Public Interest Theory）就是以"市场失灵"和福利经济学为基础的。该理论认为，规制是政府对社会公共需求的反应，其目的是弥补"市场失灵"，提高资源配置效率，实现社会福利最大化。这就使政府规制成为一种必然。面对"市场失灵"，政府应采取有效的措施，通过系统地组织、协调、监督、指导、查处、控制等管理活动来限制不正当交易，禁止垄断，查处假冒伪劣，维护消费者权益，从而保障市场高效、有序地实现资源合理配置，保护生产者、经营者、消费者等市场参与者不同的利益。当然，与之相应的规制俘获理论（Capture Theory of Regulation）从另一个角度对政府规制的有效性提出了疑问，即政府（无论是立法者还是执法者）很容易被个人和利益集团所"俘获"，来实现他们的欲望。在现实经济生活中，这也是非常值得注意的现象，因为"政府失灵"（Government Failure）或"规制失灵"的状况也不同程度地存在着。虽然理论的探讨与争论还在不断深化，不容否认的是，从世界许多国家的发展实践来看，政府承担的经济调控和市场监管方面的职能在不断增强，起着其他各社会主体不可替代的作用。

市场监管的客体是企业、行业或单一商品市场各要素及其相关的生产、经营活动。企业是市场经营活动的主体，是商品经济和市场存在及运行的重要保障之一。在某一领域，众多产品类别相同或相近的企业组织构成行业，如煤炭、电力、钢铁、通信、医药卫生、新闻出版等。同一类别产品市场构成单个商品市场，如家电市场、汽车市场、医药市场、图书市场、农资市场等。企业的生产、经营，产品的定价、交易、流通，消费者权益的保护等各个环节不仅需要市场的自发力量进行调节，同时也需要外部力量的介入以确立和维护正常的市场秩序。也有人从商品和服务的角度来认识市场监管的客体，因为市场中各个经济主体的经济行为最终都要通过商品及服务这个载体来体现和产生影响。市场交易行为中的商品的质量、规格、功能、价格是否符合相关的行业标准和法律法规，直接影响着市场经济秩序，因此，商品与服务也是市场监管的重要范畴之一①。广义上来说，我国市场监管的主要范围除军工、国防外，包括所有存在市场经营活动、需要维护市场秩序的领域，从食品药品生产、流通到证券、期货交易，从煤炭、电力生产、输送到交通、航运竞争、运营，几乎涉及国民经济生活的方方面面。从狭义来讲，市场监管更侧重于各类工商企业的登记注册、生产、经营和消费者权益保护，如各类企业的登记注册、持证经营，食品安全监管，注册商标专用权保护，广告监管执法，服务消费监管，打击传销、规范直销，实施诚信体系建设、规范经营管理，反垄断与反不正当竞争，等等。我们这里所谈的市场监管，更多的是指对各类工商企业及其生产经营活动的监管，侧重于狭义的理解。

现代经济有关宏观调控和市场监管的区分引出政府在市场经济中职能的分野。这就涉及市场监管的主体及其责权分配问题。在西方发达国家，政府机构主要负责宏观调控，市场监管的职能更多地分散在各个相对独立的行业部门、社会中介组织及中央政府里的仲裁机构中。随着我国社会主义市场经济体制的确立和逐步完善，目前我国的国民经济管理部门大体上分为两类。一类是综合性的经济管理机构，主要任务是进行经济宏观调控和监督、行政执法和提供信息服务。例如，国家发展和改革委员会、中国人民银行、财政部等是国家宏观经济政策制定和宏观经济调控的重要部门，审计署、海关总署、工商行政管理总局、国家统计局和国家质量监督

---

① 马春霞. 工商行政管理［M］. 天津：南开大学出版社，2008：12. 笔者认为，将商品和服务作为监管的客体有失全面。从现实情况看，规范、监督和管理的是（更主要的是）经营主体及其经济行为的整个过程，而不单是经济行为后果（商品或服务），经营活动的产出及服务本身只是市场监管的部分而非全部。

检验检疫总局、中国证券监督管理委员会、国家电力监督管理委员会等则更侧重于具体的经济秩序的维护、行政监督和管理以及信息服务。另一类是专业性的经济管理机构。其主要职责是制定本行业规划和行业政策，进行行业管理，引导本行业的产业结构调整，维护本行业的平等竞争秩序。这类机构有工业和信息化部、交通运输部、铁道部、水利部、农业部、商务部等。在我国，虽然各行业部门存在一定的职能交叉，但维护市场秩序、进行市场监管的主要职能和任务更多地由综合性部门——工商行政管理部门来承担。各层级工商行政管理部门是市场管理的专责机关，专司市场监管职能，在我国市场管理体制中充当着主要角色。现阶段，我国社会中介组织（如各种行业自律协会组织）开始积极参与市场监管，但力量还很微弱，"大政府、小社会"的监管格局依然没有改变。

（二）市场监管的目标、权责和范畴

市场监管的核心目标是建立和维护运转协调、结构合理的市场秩序，以实现社会资源的有效、合理配置。工商行政管理部门或机构通过对市场的经营主体、市场运行过程和市场结构布局等施加影响以确立和维护市场的良性运行状态，即：通过对市场经营主体的准入、交易、竞争、退出的监管，建立有序的市场环境；通过对市场商品交换与流通过程及商品各构成要素之间变动关系的监管，规范市场，使之良性运转；通过对市场供给与需求的快速反应，以及对产品与服务的数量、规模分布和竞争状况的信息分析，调整市场结构，限制不正当竞争和行业垄断行为，建立结构合理的市场环境，从而在基础层面上建立、发展和完善整个市场经济体制。

为保证市场监管目标的实现，市场监管部门必须明确自身的职责范围和管理权限，承担起实现好、维护好、发展好市场秩序的任务。必须按照有关法律、法规的要求，坚持依法管理市场的原则，对市场生产、经营主体及其所从事的经济活动进行监督管理，促进市场交易规范化，防止不正当竞争、行业垄断和各种侵权行为，全方位监督，规范管理，严格执法，推动市场监督管理和行政执法工作顺利展开。在我国，各级工商行政管理部门是行使市场监管职能的重要部门之一。依据法律、法规和规章以及国务院的授权,工商行政管理机关有以下权限[①]:①规章制定与发布权,即国家工商行政管理主管部门有权依法或接受立法、行政权力机关的授权,制定发布工商行政管理的规章、制度;②登记注册权,即工商行政管理机关在其管辖范围内,对申请企业和个体工商户、私营企业、外商投资企业依法进行核准登记注册,确认其法人地位或合法经营地位,对商标申请实行统一注册,对商品市场进行登记管理、注册等;③调查权和处罚权,即对市场经济活动中的违法宣传、经营、竞争以及商业贿赂等行为依法进行调查和处罚的权利,具体包括依法调查权、检察权、行政处罚权、行政强制执行权等;④市场交易场所的经营秩序维护权;⑤行政指导和调解权;⑥对消费者权益的保护权;⑦工商行政法规解释权;等等。

根据《国务院关于机构设置的通知》(国发〔2008〕11号),我国工商行政管理部门市场监管的主要职责为:负责各类企业、农民专业合作社和从事经营活动的单位、个人以及外国(地区)企业常驻代表机构等市场主体的登记注册及监督管理,承担依法查处甚至取缔无照经营的责任;承担依法规范和维护各类市场经营秩序的责任,负责监督管理市场交易行为和网络商品交易及有关服务的行为;承担监督管理流通领域商品质量和流通环节食品安全的责任;组织开展有关服务领域消费维权工作,按分工查处假冒伪劣等违法行为,指导消费者咨询、申诉,举报受理、处理,以及网络体系建设等工作,保护经营者、消费者的合法权益;承担查处违法直销和传销案件的责任,依法监督管理直销企业和直销员及其直销活动;负责滥用市场支配地位、滥用行政权力排除限制竞争方面的反垄断执法工作(价格垄断行为除外);依法查处不正当竞争、商业贿赂、走私贩私等经济违法行为;负责依法监督管理经纪人、经纪机构及经纪活动;依法实施合同行政监督管理,负责管理动产抵押物登记,负责监督管理拍卖行为,负责依法查处合同欺诈等违法行为;指导广告业发展,负责广告活动的监督

---

① 许光建. 工商行政管理概论[M]. 3版. 北京:中国人民大学出版社,2008:53-54.

管理工作；负责商标注册和管理工作，依法保护商标专用权和查处商标侵权行为，处理商标争议事宜，加强驰名商标的认定和保护工作；负责特殊标志、官方标志的登记、备案和保护；负责个体工商户、私营企业经营行为的监督管理；组织指导企业、个体工商户、商品交易市场信用分类管理，研究分析并依法发布市场主体登记注册基础信息、商标注册信息等，为政府决策和社会公众提供信息服务；等等。这些职能和职责，实际上可归结为五大类：第一类，市场准入监管，包括市场主体登记注册、监管管理等；第二类，市场维权监管，包括市场商品质量、安全的监管和维权的指导等；第三类，市场竞争监管，即依法规范和维护各类市场经营秩序，监督管理市场交易行为、网络商品交易及有关服务的行为，包括对传销和直销业的监管，对不正当竞争行为的监管，对经纪人、经纪机构及经纪活动的监管，等等；第四类，市场活动监管，包括食品安全管理、广告管理、合同管理、商标管理、信用管理等；第五类，市场行政指导与信息服务，即规范指导企业发展并依法发布相关基础信息等。

二、市场监管的内容和方式

市场监管既是国家经济管理职能的必然体现，也是确立和完善我国社会主义市场经济体制的客观要求。市场经济条件下经济管理的核心任务之一就是市场监管。维护市场秩序是市场监管的主要目标。任何一种经济形态都有其自身的经济运行秩序，市场秩序对于市场经济的正常运转至关重要。市场监管部门通过对市场经济活动的监督管理，协调市场交换活动中的各种关系，规范商品生产者和经营者的各种行为，保护合法交易，制止侵权行为，促使商品生产者和经营者能够依法进行市场经营活动，维护消费者的合法权益，从而为营造良好的市场环境和经营秩序保驾护航，促进市场经济良性运转和充分发展。市场监管的主要内容将围绕上述目的展开，监管的方式也将多种多样，并随着时代的发展和市场的变化不断推陈出新。

从宏观上讲，市场及其经营主体管理、商品及经营活动管理、生产要素市场管理构成市场监管的主要内容。从微观和具体的层面来看，市场监管的内容更侧重于产品的商标法权、广告传播、合同行为、公平交易、消费者权益以及食品药品安全等方面。由于市场监管的内容在各类文章、著述、文件中多有全面详细的论述，因此此处不再赘述。这里，我们从具体的层面来看一看市场监管的几个重点问题。

（一）广告传播过程规制

广告作为一种信息传播方式，在现代社会经济生活中占有越来越重要的地位，也是工商行政管理活动的重要内容。广告监管是国家广告监督管理机关依法对经济活动中广告内容、广告活动主体的资格和市场准入条件、广告活动过程及广告行为进行规则制定、监督检查、控制查处、规范指导的活动。按照《中华人民共和国广告法》（以下简称《广告法》）的规定，县级以上人民政府的工商管理部门是广告监督管理机关。也就是说，广告监管的主体是各级工商行政管理部门。广告监管的依据是《广告法》《广告管理条例》《广告条例实施细则》及其相关的法律规章和政策规定，如基本法（《宪法》《民法》等）和综合法（《反不正当竞争法》等）以及专项广告管理法规（《药品广告管理办法》《医疗器械广告管理办法》等）。

广告监管涉及广告主、广告经营者、广告发布者及广告内容与传播活动。广告传播过程规制是对广告传播过程中的各种角色和各个环节进行的监督管理和对广告受众的权益保护。为有效地规范广告活动主体的广告行为，树立广告业的良好形象，在广告监管过程中，有必要对广告主、广告经营者、广告发布者的资格和经营范围、经营和发布许可进行审查登记；对其权利与义务有明确合理的规定并告知；本着对消费者负责的态度对广告的内容进行严格审查监督，对广告传播行为进行规范、监督与指导，不断创新监管制度、方法、内容，形成"事前防范，事中制止，事后查处"的良性机制，以维护广告市场的正常秩序和人民群众的正当权益。

改革开放以来，我国广告市场治理工作取得长足进步和明显成效，制定并颁布了许多有利于市场发展和消费者权益保护的法律、法规，建立了相对稳定、规范的广告市场秩序，强化了对广告行为和广告活动过程的监管。但是，问题与不足仍然存在。近段时期，一些虚假违法产品广告，特别是一些有严重问题的食品、医疗器械、药品的广告引起社会各界不满，主要表现为：一是不法分子非法生产、销售假冒伪劣产品，并通过广播电视媒体发布广告，欺骗消费者；二是部分食品生产企业、医疗机构，以及药品生产、经销企业在进行广告宣传时，高薪聘请演职人员作疗效证明甚至是虚假疗效证明，误导消费者；三是少数新闻媒体片面追求经济利益，审查不严，违规播放广告。这些问题严重危害了人民群众的生产、生活安全和身体健康，损害了各相关行业的社会形象和信誉，影响了新闻媒体的社会公信力。

目前，广告市场监管的重点在于深入开展虚假违法广告专项整治，切实维护文明诚信的广告市场秩序。广告监管部门应继续以直接关系人民群众健康安全的食品、药品、医疗等广告监管为重点，严厉查处在食品广告中宣传预防和治疗作用等行为，严厉查处在医疗、药品广告中夸大功能、保证疗效等行为，严厉查处未经广告审查机关审查擅自发布医疗、药品、保健食品广告的行为，严厉查处以新闻报道、专家咨询等形式变相发布广告的行为；加强对广告内容的审查，强化对广告活动过程的监督管理，加快广告监管法律制度建设，加大整顿规范广告市场秩序的力度，建立健全广告监管长效机制。

（二）商标法权制度维护

商标是区分不同产品生产经营者的最重要的标志，也是促进商品生产和流通的重要宣传工具。在现代市场经济中，商标能够代表产品质量与企业文化，起着区分不同产品、激发消费者的购买欲望、建立企业声誉和形象的重要作用。一个值得信赖和声誉良好的商标，对于提高产品的竞争能力和赢得市场起着其他市场要素不可替代的作用。

商标的市场监管是指商标管理机关依法确立、保护商标专用权,指导、监督、管理商标使用权的活动。《中华人民共和国商标法》(以下简称《商标法》)及其相关法律、法规是商标市场监管的主要依据。根据《商标法》的规定,主管商标管理工作的机构是各级政府的工商行政管理部门。具体而言,国家工商行政管理总局商标局主管全国的商标管理工作,地方各级工商行政管理机关管辖该地区的商标管理工作。国家工商行政管理总局设立商标评审委员会,负责处理商标争议事宜[①]。

商标是关系企业生存和发展的重要的知识产权,加强商标的市场监管具有重要的意义。一方面,加强商标管理既有利于保护企业注册商标专用权,维护市场经济秩序,又有利于监督生产者、经营者,保证商品质量,维护商标信誉,保护消费者的合法权益。另一方面,重视商标市场监管,有利于促使企业不断提高产品质量,提升产品知名度,有利于公平竞争,促进经济良性发展。随着经济全球化的不断深化,强化商标市场监管,也有利于我国民族工业产品参与国际市场竞争,保护知识产权,创造中国品牌,提升国家地位和形象。

加强商标市场监管的重要内容是加强商标法权制度维护,其主要内容包括三个方面:一是对商标注册过程(专用权的取得)的监督管理;二是对商标使用过程(专用权的使用)的监督管理;三是对注册商标专用权的保护。

维护商标法权制度的前提是商标注册。商标注册是指商标所有人为取得商标所有权,依照法定程序向国家商标主管机关提出申请,经审核予以注册的过程。经注册的商标受法律保护,注册人对注册商标享有专用权。商标注册监管突出两个方面:一是审查商标专用权取得的条件;二是监管商标注册、变动的一系列过程。商标专用权的取得要满足以下条件:①申请注册的商标,应当有显著特征,便于识别,并不得与他人先前取得的合法权利相冲突,商标所有人有权标明"注册商标"或者"注册标记";

---

① 许光建. 工商行政管理 [M]. 3 版. 北京:中国人民大学出版社,2008:155 – 156.

②仅有该商品的通用名称、图形、型号，或者仅仅直接表示商品的质量、主要原料、功能、用途、重量及其他特点，缺乏明显特征的，不得注册；③以三维标志申请注册商标的，仅有由商品自身的性质产生的形状、为获得技术效果而需要的商品形状或者使商品具有实质性价值的形状的，不得注册；④商标中有商品的地理标志，而该商品并非来源于该标志所标示的地区，从而误导公众的，不予注册并禁止使用（已经善意取得注册的继续有效）。商标注册包括申请、审查、核准和异议，及至取得专用权的活动。商标专用权的取得有一定的期限，期满后可申请续展注册。注册商标也可以变更注册或依据法定程序将注册商标转让给他人。

商标使用监管是工商行政管理部门依法对涉及商标使用的一系列问题进行监督管理的活动。自然人、法人或其他组织在使用商标时，不仅享有法律赋予的权利，而且承担一定的法律义务。商标使用监管包括两方面内容，一是对使用注册商标的管理，一是对使用未注册商标的管理。对使用注册商标的管理，《商标法》及相关法律、法规有明确具体的规定。使用注册商标应当标明注册标记，应当保证其商品质量，否则，工商行政管理部门有权查处商标使用不当的行为。未注册商标是未经商标局核准而直接在市场上使用的商标，其没有获得商标专用权，一般不受法律保护。我国商标法规定对商标注册采取自愿与强制相结合的原则，允许企业根据需要决定是否申请商标注册，有些季节性商品、未定型产品因不能长期稳定生产而没有取得商标专用权（在现实生活中，这种使用未注册商标的现象是大量存在的），也要对其进行必要的管理。因此，对使用未注册商标的监管不是对其进行法律保护，而是为了保护注册商标专用权，维护消费者利益。从这种意义上来说，对使用未注册商标的监管是商标管理的重点。对此，必须遵照《商标法》的规定进行严格监管，内容主要包括：①使用未注册商标，不得冒充注册商标，冒充注册商标是指在使用未注册商标上标明"注册商标"字样或注册标记，或注册商标所有人超出了指定商品范围使用注册商标；②同注册商标一样，未注册商标不得使用《商标法》第十条和第十一条所规定的禁用标志；③使用未注册商标不得故意侵犯他人注册商标专用权，企业在知道使用的商标与他人注册商标相同或相近时，应自觉停止使用。

注册商标专用权的保护是指用法律手段制止、制裁一切侵犯注册商标的行为，以保护商标注册人对注册商标的专有权利。根据《商标法》第五十一条的规定，商标侵权行为主要有以下几种形式：①未经商标所有人的许可，在同一种商品或类似商品上使用与其注册商标相同或相近商标的；②销售明知是假冒注册商标的商品的；③伪造、擅自制造他人注册商标标识或者销售擅自制造的注册商标标识的；④未经商标注册人同意，更换其注册商标并将该更换商标的商品又投入市场的；⑤给他人的注册商标专用权造成其他损害的。注册商标专用权的保护应理解和注意两个方面的问题。一是商标专用权的范围和商标专用权的保护范围不是同一概念。专用权以核准的注册商标和核定使用的商品为限，超出此范围，则不具有专有权。但专用权的保护与禁止权却超出这个范围，扩大到核准注册商标的近似商标及核定使用商品的类似商品上，造成专用权与禁止权不完全一致的状况。禁止权的范围要大于专用权，这是国际通用的规则，否则就不能对商标专用权进行有力的保护，因为在类似商品上使用近似商标会造成消费者对商品品牌和来源的误解，从而侵害商标专用权。二是对商标侵权行为的认定需注意几个要件：认定侵权应当以实际注册商标图样为标准，而不以注册商标专用权实际使用的商标为准，也不以注册人使用商标是否注明注册标记为条件。

对于商标法权制度的维护，当前的主要工作要突出重点领域和重点环节，进一步加大商标行政执法力度。以保护涉农商标、地理标志、食品商标、药品商标、涉外商标为重点，继续加大商标行政执法力度，严厉打击商标侵权假冒行为。在全国大中城市逐步推广"商标授权经营制度"，对规模化商品批发零售市场进行规范化商标监管。进一步完善驰名商标认定制度，加大驰名商标保护力度。此外，随着经济交往的不断扩大和许多新行业的兴起，加大对新领域、新行业的商标监管也逐步成为工作的热点与难点。例如：加大涉台商标保护力度，严厉查处侵犯涉台注册商标专用权的行为；加大对展会商标的监管力度，加大世博会标志保护力度，创造良好的知识产权保护环境；等等。

（三）公平交易监督执法

公平交易监督执法，是指国家行政执法机关和司法机关，为维护市场竞争秩序，保护公平竞争与交易，制止不正当竞争等违法行为，依照法律、行政法规、政策等有关规定，对市场不公平交易行为所进行的监督、检查、控制、协调以及处理等执法活动的总称。狭义的公平交易执法，仅指工商行政管理机关对不公平交易行为的监管与执法。根据我国的现实国情，工商行政管理部门公平交易执法的范畴主要是对市场竞争和垄断行为的监督管理，包括严厉打击非法传销、商业欺诈活动，严厉打击走私贩私行为和治理商业贿赂，开展"扫黄打非"、禁毒工作，反对经营性垄断行为和行政性垄断行为、地方保护主义，等等。在监督执法过程中，充分发挥公平交易部门在整顿和规范市场经济秩序中的组织、指导、协调作用，加强打击力度，营造公平竞争的市场环境。

公平交易监管的法律依据是《中华人民共和国反不正当竞争法》（1993年9月通过，以下简称《反不正当竞争法》）和《中华人民共和国反垄断法》（2008年8月开始实施，以下简称《反垄断法》）及其相关的法律、法规。我国对不正当竞争行为的监督管理主要是通过行政执法部门和司法部门两类机关实施的。国务院设立反垄断委员会，负责组织、协调、指导反垄断工作。国务院反垄断执法机构根据工作需要，可以授权省、自治区、直辖市人民政府相应的机构，依法负责有关反垄断执法工作。

实现公平交易监督执法的前提是充分认识什么是不正当竞争行为和垄断行为。根据《反不正当竞争法》，不正当竞争是指在市场经济活动中采取虚假、欺诈和损人利己等手段，损害国家、生产经营者和消费者的利益，扰乱市场竞争秩序的行为。其主要包括：①采取不正当手段从事市场交易，损害竞争对手；②公用企业或者其他依法具有独占地位的经营者，限定他人购买其指定的经营者的商品，以排挤其他经营者；③政府部门及其所属部门滥用行政权力，限制竞争；④商业贿赂；⑤利用广告或者其他方法虚假宣传；⑥侵犯商业秘密；⑦低于成本价销售商品；⑧搭售或附加不合理的交易条件；⑨不正当有奖销售；⑩捏造、散布虚伪事实，损害竞争对手的商业信誉和商品信誉；⑪串谋招投标的行为；等等。《反不正当竞争法》所限制的上述 11 类行为，基本涵盖了我国经济生活中的主要不正当竞争行为，这些行为涉及诸多方面，手段多种多样，对社会经济生活、其他经营者、消费者和国家带来一系列的危害。《反垄断法》从法律的高度对垄断行为进行界定，包括：①制定垄断协议[①]；②滥用市场支配地位；③经营者集中[②]；④滥用行政权力排除、限制竞争。上述垄断行为，基本涵盖目前我国经济生活中的主要垄断行为，这些行为同不正当竞争行为一样，阻碍了市场机制的正常运行，损害了竞争对手或相关经营者的合法权益，侵犯了广大消费者的合法权益，也阻碍了技术进步和经济发展。因此，充分发挥监管部门和司法机关的监督执法职能，规范市场行为，保护公平竞争，保护经营者和消费者的合法权益，营造公平交易执法监督环境，对经济持续、健康、稳定发展具有重要意义。

当前，工商行政管理机关在开展公平交易行政执法活动和创造公平交易执法环境方面存在着一定的问题，主要表现在：①工商行政管理法律、法规不健全，修订滞后。一部分工商行政管理法律、法规制定于市场经济发展之初，在出台之时就存在"硬伤"。随着市场经济的发展，新的违法行为层出不穷，管理机制也发生了变化，而法律的修订和完善工作滞后。这势必影响到公平交易执法依据的效力和工商行政管理机关的效能。②地方保护主义严重，存在地方政府干预公平交易执法的现象。地方政府为改善本地投资环境，吸引投资，促进经济发展，强调放宽市场准入，忽视了

---

① 垄断协议包括两种：一种是具有竞争关系的经营者达成的排除、限制竞争的协议、决定或者其他协同行为；另一种是经营者与交易相对人达成的垄断协议。

② 经营者集中是指经营者合并、经营者通过取得股权或者资产的方式取得对其他经营者的控制权、经营者通过合同方式取得对其他经营者的控制权或者能够对其他经营者施加决定性影响等情形。

条件和程序的把关；强调为企业服务，疏于执法，忽视对企业的监督管理。地方政府和部门领导，时常以维护稳定和建设诚信形象为名，向工商行政管理机关提要求，使行政执法的目的难以实现；通过行政命令，阻碍执法机关依法正常开展日常监督检查活动等，挫伤了部分工商执法人员的工作积极性。③经营者、生产者不熟悉工商行政管理法律、法规，依法经营的意识淡漠，直接导致许多违法经营行为的发生和屡禁不止，如无照经营、擅自发布户外广告等。违法经营将要受到处罚时，当事人往往千方百计拉关系、托人情、走后门，干扰工商行政管理部门公平执法，甚至暴力抗法。④执法水平良莠不齐，部分执法人员素质偏低，在处理案件时定性不准，适用法律规范不当，难以适应行政执法发展的需要。⑤执法监督力度不够，扼制了执法效能。行政执法机关的监管不到位，有法不依、执法不严、违法不究现象时有发生。职权失去约束和监督，必然导致失控，在一定程度上扼制了工商行政管理部门监管效能的发挥和执法水平的提高。

完善公平交易执法环境，提高执法监督效能，是一项社会系统工程，并非一蹴而就的事情，仅仅依靠工商行政管理部门难以实现，需要做好长期的思想准备，需要认真分析加入世界贸易组织（WTO）后的世界通用规则和经济全球化的发展形势，规范行政和司法条文与程序，不断提高监管人员素质，采取经济、行政和司法等多种手段，努力营造宽松的公平交易执法监督环境，推进执法办案系统和企业信用分类监管系统的有机关联，建立健全反不正当竞争和垄断行为的长效机制。

（四）食品安全监督维护

食品安全监督维护的目的，不外乎生产、流通、消费无毒无害、健康有益的食品，满足人民群众日常生活和消费需求。然而，这一简单的命题在现实生活中变得极为复杂与沉重。食品安全问题是当今中国社会关注的焦点问题之一。随着社会的发展和技术的进步，人们的生活质量不断提高，食品消费也从注重数量向注重质量和安全转变。然而，食品安全却得不到保证，已经成为危及人民群众身体健康和生命安全、导致经济发展严重受损的重要原因。认真做好食品安全监督维护，已经成为全社会共同的呼声。

食品安全监管涉及面广，内容庞杂，监管部门多，监管任务繁重。从初级农产品种植、加工到食品经营流通、餐饮服务与消费，再到国家安全标准制定、网络监测与风险评估等，每个环节都不容忽视。因此，我国传统的食品安全监管体制采取多机构分段管理模式：食品药品的安全监管至少牵涉到农业行政部门、质检部门、工商行政部门、食品药品监管部门、卫生行政以及国家发展和改革委员会和商务部等多个部门，各个部门都有职责做好食品安全的监管维护工作，形成"九龙治水"的局面。随着我国法制建设的不断完善，1995年10月30日，修订后的食品卫生法开始正式实行，对保证食品安全、保障人民群众的身体健康发挥了重要的积极作用。国务院2004年出台的《关于进一步加强食品安全工作的决定》（国发〔2004〕23号），对具体监管体制做出了调整。尽管目前食品卫生领域大约有100多个规章和500多个卫生标准，但是食品安全的问题仍然比较突出，食品安全事故时有发生。严重侵害消费者利益的恶性事件暴露出现行有关食品安全的制度和监管体制仍不完善。掺假造假、恶性欺诈的市场行为，分工不严格、多头执法、监管链条"断裂"等管理问题，也是造成食品药品安全问题频发的重要原因。实质上，这些问题是"市场失灵"和"政府失灵"同时并存导致的。

震惊中外的"三鹿奶粉事件"的发生，直接推动了食品安全监管制度的完善。食品安全事关广大人民群众的切身利益和社会的和谐稳定，如何做好食品安全监管、如何提高食品安全监管能力已成为我国迫切需要解决的重大问题，引起了各级政府和全社会的高度重视。为进一步健全监管体制，理顺关系，维护广大人民群众的根本利益，2009年2月28日，几经审议修改的《中华人民共和国食品安全法》（以下简称"新法"）正式颁布。新法体现了预防为主、科学管理、明确责任、综合治理的食品安全工作指导思想，确立了食品安全风险监测和风险评估制度、食品安全标准制度、食品生产经营行为的基本准则、索证索票制度、不安全食品召回制度、食品安全信息发布制度,明确了分工负责与统一协调相结合的食品安全监管体制,为全面加强和改进食品安全工作,实现全程监管、科学监管,提高监管成效,提升食品安全水平,提供了法律制度保障①。新法进一步调整了监督管理体制,明确了各行政部门的监管职能,力图改变"九龙治水"的监管制度,确定由其中一个部门做"班长",同时要求负责部门做好食品安全的预警,鼓励对食品安全问题进行舆论监督。新法规定:"国务院卫生行政部门承担食品安全综合协调职责,负责食品安全风险评估、食品安全标准制定、食品安全信息公布、食品检验机构的资质认定条件和检验规范的制定,组织查处食品安全重大事故。国务院质量监督、工商行政管理和国家食品药品监督管理部门依照本法和国务院规定的职责,分别对食品生产、食品流通、餐饮服务活动实施监督管理。"此外,设立了更高层次的综合议事、协调机构,其中第四条明确规定:"国务院设立食品安全委员会,其工作职责由国务院规定。"在执行层面,新法强化了我国食品安全监管由国家负责宏观监管,各级行政部门负责具体监管,地方政府负总责的分级管理体制,规定:"县级以上地方人民政府统一负责、领导、组织、协调本行政区域的食品安全监督管理工作,建立健全食品安全全程监督管理的工作机制;统一领导、指挥食品安全突发事件应对工作;完善、落实食品安全监督管理责任制,对食品安全监督管理部门进行评议、考核。县级以上地方人民政府依照本法和国务院的规定确定本级卫生行政、农业行政、质量监督、工商行政管理、食品药品监督管理部门的食品安全监督管理职责。有关部门在各自职责范围内负责本行政区域的食品安全监督管理工作。"新法颁布的同时,1995年以来实施的《中华人民共和国食品卫生法》同步废止。从"食品卫生"到"食品安全",两个字的差别,表明我国政府部门对食品安全的认识已经实现从观念到模式的重大转变。

如何进行执法监管,新法第七十七条对食品安全监管的权责也做出了

---

① 中华人民共和国食品安全法 [EB/OL]. [2009-02-28]. 新华网.

相应的规定："县级以上质量监督、工商行政管理、食品药品监督管理部门履行各自食品安全监督管理职责，有权采取下列措施：（一）进入生产经营场所实施现场检查；（二）对生产经营的食品进行抽样检验；（三）查阅、复制有关合同、票据、账簿以及其他有关资料；（四）查封、扣押有证据证明不符合食品安全标准的食品，违法使用的食品原料、食品添加剂、食品相关产品，以及用于违法生产经营或者被污染的工具、设备；（五）查封违法从事食品生产经营活动的场所。县级以上农业行政部门应当履行《中华人民共和国农产品质量安全法》规定的职责。"

新法还确立了食品安全监管重点为食品的风险检测与风险评估机制。国家以风险评估的结果为依据，制定食品安全标准，企业必须按照食品安全标准进行生产经营，监管部门按照食品安全标准进行检验、许可、进出口管理等监管，一旦发现不符合食品安全标准的食品，立即进行处置。相较于以前仅关注产品的外标签和说明书的监管方式，这种加强检测、评估和检验的监管方式更注重产品的内在质量。按照新法的规定，食品的全程监管要在生产的内部环节中进行，而不应仅仅停留在事前许可和事后抽检阶段。涵盖初级农产品、食品生产和加工以及食品流通等各环节的监管机制得以建立，力图实现"从农田到餐桌"的全程监管。此外，新法还规定了企业自律、部门履职及社会监督等内容，确保新法的贯彻执行。

新法的公布施行，为监管部门依法行政提供了重要的法律依据。进一步加大监管执法力度，切实规范食品市场秩序，扎实推进食品安全监管制度化、规范化、程序化、法治化建设，努力构建长效监管机制，成为食品安全监管当前和今后的一项重要工作，需要主管部门、各相关部门及社会力量通力合作，把食品安全突发事件和问题可能造成的危害控制在最小的范围内和最低的程度上。

（五）合同行为监管仲裁

合同制度是商品经济和市场经济发展到一定阶段的产物，是以程序化、规范化的形式明确合同各方权利、义务，保证商品交换、市场交易活动得以正常进行的一种法律形式。广义的合同是指以确定权利、义务为内容的协议,包括适用于一切法律部门的合同关系,如民事合同、行政合同、劳动合同等,体现社会经济生活中不同的法律关系。《中华人民共和国合同法》(以下简称《合同法》)将合同的内涵界定为:"平等主体的自然人、法人、其他组织之间设立、变更、终止民事权利义务关系的协议。婚姻、收养、监护等身份关系的协议,适用其他法律的规定。"《合同法》所提出的界定,区别于广泛法律关系的协议,采用的是狭义的概念。合同订立的目的是在当事人之间利用法律文本的形式约定各自的权利与义务,从而产生一种法律的约束作用,推动合同各方履行责任,保护自身利益,维护正常的市场秩序。

合同行为监管仲裁是指与合同行为有关的机构或部门对合同进行管理的一系列活动的总称。广义的合同监管既包括县级以上工商行政管理部门和其他有关主管部门依法对合同进行的管理,又包括公证机关的公证、仲裁机构的仲裁和司法机关对合同争议进行的审理,同时也包括企业对自身合同行为的管理。狭义的合同监督管理,仅指县级以上工商行政管理部门和其他有关主管部门为在各自的职权范围内,依照法律、行政法规定的职责,运用指导、协调、监督等手段,促使合同当事人依法订立、变更、履行、解除、终止合同和承担违约责任,制止和查处利用合同进行的违法行为,调节合同纠纷,维护合同秩序,所进行的一系列行政管理活动的总称[1]。本书使用狭义的概念。狭义的合同监管仲裁的主体仅指县级以上工商行政管理部门和法律、行政法规授权的其他有关主体,是为了保障社会主义市场经济秩序,维护合同当事人的合法权益,由国家管理机关代表国家依法实施的行政管理行为,其产生的法律后果由国家强制力保证实施。

工商行政管理部门的合同行为监管仲裁的主要内容包括:①开展合同法制的宣传与指导活动,使企业法定代表人、负责人以及其他合同当事人了解合同法律常识,树立合同法律意识,自觉培养生产经营的职业道德,

---

[1] 许光建.工商行政管理[M].3版.北京:中国人民大学出版社,2008:142.

重合同、守信用。做好合同示范文本的印制、发放、指导运用工作。②开展重合同守信用系列活动,激励企业依法签订和履行合同,加强自我约束,提升企业市场竞争力和改善外部形象。教育查处合同违约违法行为,在全社会营造诚信守约的氛围。③完善合同鉴证程序,努力做到合同鉴证申请程序简便化、审查规范化、鉴证权威性。④完善合同抵押物登记制度,对抵押物依法进行严格审查和登记,保障抵押合同的法律效力。⑤进行合同争议行政调解仲裁,即工商行政管理机关就合同当事人对事件或问题的争议,依照国家法律和原合同内容进行受理、调解和转送仲裁机构及司法机关仲裁的活动。开展合同行政调解工作已经不是合同监管工作的主业,而是合同监管职能的延伸,大量合同纠纷是通过律师、仲裁机构调解的,部分通过工商部门、消费者权益保护机构来调解。

随着经济的发展以及市场经济活动的日益丰富,合同违法违约行为呈现出不同的特征,主要表现为:①合同当事人采用伪造合同、假冒他人名义签订合同、虚构主体资格、虚构货源或者合同标的物等欺诈手段骗取财物等。②合同当事人采用贿赂手段签订、履行合同,通过合资、合作或使用联营合同等手段侵占、损害国有资产。③合同当事人恶意串通,危害国家利益、社会公共利益和他人利益(如拍卖企业未按规定开展拍卖活动,拍卖人之间恶意串通),损害其他拍卖当事人的合法权益,招投标项目中出现违法违规行为等。④经营者利用向消费者提供商品或者服务所使用的格式条款,免除经营者责任、加重消费者责任或者排除消费者主要权利,损害消费者合法权益,特别是经营者利用格式条款损害消费者合法权益的违法行为在现阶段比较突出,群众反映强烈,成为查处合同违法行为的重点[①]。

随着市场经济的发展和政府职能的转变,市场监管执法的方式和方法在不断变化。工商行政管理部门必须转变思路,紧紧围绕合同监管职能,认真研究新形势、新情况下开展合同监管工作的方式和方法,综合运用监

---

① 朱昌彬. 关于合同监管工作的几个问题 [J]. 中国工商管理研究, 2008 (7).

督管理、行政指导、行政执法等手段，提高合同监管执法效能，促进合同监管职能到位；认真研究制定不同阶段合同监管工作的重点，每个阶段定出一类合同违法行为进行重点查处，强化执法办案的力度，力求突破，实现查处一类合同违法行为，规范一个行业的目标。

（六）常规市场行为监管

经济活动包罗万象，市场行为数不胜数，工商行政管理部门除了对广告、商标、合同、经营规则（公平交易）、食品安全等重点领域强化监管外，更多的职责是对包括上述内容的大量的、常规的市场行为的执法监督。常规的市场行为监管，根据我国工商行政管理部门的职权划分和当前工作重点，应当着重做好以下工作：①继续深入开展"红盾行动"（工商部门的执法活动）。要紧紧抓住当前与人民群众生命财产安全息息相关的热点、难点问题，集中执法力量，深入开展"红盾行动"。要加大"红盾行动"的力度、深度和广度，拓展"红盾行动"的外延，进一步树立工商部门"红盾卫士"的良好形象与执法权威。②深入开展食品安全监管，继续做好"餐桌污染"治理工作，积极配合有关部门抓好食品生产加工源头、市场流通环节的治理，建立和完善检测体系；继续深入开展食品安全专项整治。集中开展食品安全专项执法检查，即：以城市社区、农村和城乡接合部为重点，开展重点区域执法检查，重点解决无照经营和制售假冒伪劣食品问题；以商场、超市、集贸市场和源头性商品集散市场为重点，开展自律制度专项执法检查，重点解决经营者进货验证验票、不合格食品退市、食品质量责任等自律制度的建立和落实问题。③严厉查处商标侵权案件，维护商标专用权。以保护高知名度注册商标专用权为核心，以食品、药品、农资等与老百姓生活密切相关的商品商标为重点监管对象，以商标印制、定牌加工，以及展销会、星级宾馆卖场等为重点监管环节，以利用企业名称侵犯驰名著名商标权益的行为以及农产品商标和地理标志商标的侵权行为为整治重点，加大商标执法保护力度。④深入开展广告市场专项整治工作，严厉打击虚假违法广告。以医疗、保健品、药品、化妆品广告为重点，针对当前广告经营活动中存在的虚假违法、欺诈和误导消费者等突出问题，开展重点整治。通过严厉打击利用广告欺骗和误导消费者的商业欺诈行为，严格监管广告经营活动，规范市场经济秩序，维护人民群众的合法利益。⑤加大合同行政执法力度，严厉打击商业欺诈行为。加强对买卖、加工承揽、旅游、房地产、重要生产资料等方面合同的行政监管，严厉打击设置合同陷阱、骗取合同保证金、实施合同诈骗等合同欺诈行为。加强合同格式条款监管，重点开展整顿治理房地产交易合同不平等格式条款专项执法行动。⑥加强农资市场监管。进一步落实农资市场监管"十条意见"，积极探索农资市场监管的有效办法，不断提升农资市场监管水平。严厉打击制售假冒伪劣种子、化肥、农药等农资商品的违法违规行为，进一步维护农资市场秩序。⑦继续保持高压态势，严厉打击传销和严格规范直销。加强日常监管巡查，组织开展专项联合执法行动。建立联合执法和区域协作执法机制，严查传销大要案件，坚决遏制传销活动向校园、西部和少数民族地区渗透蔓延。配合有关部门加快法律的完善，加大打击力度。加快与打击传销活动相关的网络平台建设，实现有效监控、精确打击。抓好打击传销社会治安综合治理考评工作，完善党委、政府牵头的打击传销领导协调机制。深入开展创建"无传销社区（村）"活动，发挥基层作用，群防群控，形成合力。加大传销打击力度，提高宣传教育的针对性和有效性。进一步加强对直销企业的政策引导、行政指导和教育督导，加大直销监管力度，规范直销市场健康发展。⑧深入开展反走私斗争。继续保持反走私高压态势，严厉打击贩私和经销无合法来源进口商品的行为，坚决取缔各类走私货市场和集散地。⑨严厉打击非法拼（组）装汽车行为。对已取缔的报废车辆拆解市场要全面进行复查，切实防止反弹；对经销报废车及其"五大总成"、拼装车等违法行为，要依法严厉打击；同时，加大对二手车市场的监管力度。⑩切实制止不正当竞争行为。一要进一步加大反不正当竞争执法力度。加大对商业贿赂、虚假宣传、不正当有奖销售、各种仿冒和"搭便车、傍名牌"等不正当竞争案件的查处力度。二要进一步加大制止行业垄断的工作力度。重点加强公用企业和其他依法具有独占地位经营者限制竞争行为、行业垄断行为的整治，严厉查处垄断性行业强制交易、强制服务等行为。⑪严厉打击各种制假售假行为。要会同有关部门、行业协会、名优产品企业，共同对化妆品、家用电器、电子通信产品等涉及国计民生和消费安全的重点商品，以及人民群众反映强烈的难点、热点问题进行集中整治，进一步加大打假力度，切实维护市场秩序。⑫开展治理商业贿赂专项工作。重点加大对酒类商品促销、大卖场进场、医疗机构进药、教辅材料推销、学生校服订制、导游带游客购物等经营活动中的商业贿赂行为、限制竞争行为以及其他不正当竞争行为的查处力度；坚决打击在市场交易活动中给予、收受回扣和假借促销费、广告费、科研费等名义的商业贿赂行为；加强对重点地区、重点行业、重点单位、重点环节的检查，特别要加强对宾馆、写字楼的检查，查处无照经营或采取商业贿赂的手段推销医药商品及假冒伪劣商品的违法行为，依法从严查办商业贿赂大要案件。⑬加强对集贸市场的整治。继续对各类市场主办单位和市场内经营主体进行清理检查；严厉查处制售假冒伪劣商品的行为，严格检查进入集贸市场商品的质量；加大市场质量监督和信用监管工作力度，完善市场管理制度。⑭认真开展流通环节奶制品市场专项整治，切实做好市场安全组织协调工作。加强防控重大动物疫情工作，严防重大动物疫情通过市场流通环节传播。⑮开展"创建诚信一条街""创建诚信市场"活动，深化"共建规范市场"活动。积极协调有关部门，形成合力，从整体上加大力度，提高共建和创建活动的质量。⑯认真履行网络商品交易市场监管职能，继续强化其他市场监管工作。建立网络商品交易监管和服务机制，研究开发网络商品交易监管软件系统，规范网络商品交易行为，维护消费者合法权益。加强对拍卖行为的监管，查处拍卖活动中的串通行为。⑰加强社会治安综合治理，促进社会和谐稳定。积极参与社会治安综合治理，严厉打击黑网吧，继续做好校园周边环境整治、安置帮教、流动人口服务与管理、预防青少年犯罪、禁毒防艾等工作，深入推进平安建设。积极推动建立"政府牵头、部门配合、各司其职、综合治理"的查处取缔无照经营工作机制，坚持疏堵结合、区别对待，做到治理与引导相结合，引导无证无照经营户办证办照合法经营。⑱其他工作。开展查处生产销售"黑心棉"制品、网吧、校园周边、非法出版物等专项整治工作；开展"制止欺诈月"活动，进行商品展销会专项执法检查，加强对陈化粮等重要商品市场的监管，规范成品油市场经营秩序，严厉查处以次充好、掺杂使假等违法行为。

常规的市场行为监管应从拓宽执法新领域入手，以挖掘市场经济秩序深层次中的违法违章行为类型案源为切入点，打破长期形成的监管执法观念、执法手段和执法范围的传统定式，不断开拓深化监督执法领域，使违法违纪行为无可乘之机。突破查处无照经营、违法广告等简单案件的执法藩篱，勇于攻克一批类型新、案值大、具有典型代表意义的大要案，严厉查处商业贿赂、传销和变相传销、"霸王条款"、陈化粮倒卖、坑农害农、公司虚假出资骗取登记以及登记后抽逃注册资金等违法行为，加强对租赁、教育、医疗、旅游、金融、咨询、拍卖、中介等各种商事行为中违法活动的监管和处罚力度。逐步探索对电子商务市场的监管，工商行政管理机关应当及时运用法定的行政登记权限、行政调查权限、行政处罚权限、行政调解权限，加强各类市场的监管，坚决制止损害消费者和竞争者利益的不法、不正当行为，为市场主体创造良好的公平竞争与公正交易秩序，努力培育和维持一个成熟、开放、诚信、公平、公正的市场环境。

三、工商行政管理市场监管再造

改革开放以来，我国工商行政管理市场监管经历了一段较长时间的黄金发展期，取得了巨大成就，但面对新的国际国内形势，工商行政管理监管执法工作依然面临新的任务和新的挑战：市场主体多元化格局的出现，增加了监管主体规范监管市场环境的复杂性；现代化的管理方式和营销手段，需要进一步拓宽市场监管的视野和范围；信息技术在商品流通领域的运用和现代经营、消费方式的涌现，对提高市场监管的科技含量提出了新的要求；市场竞争的加强和国内市场国际化程度的提高，加大了市场监管执法的难度。如何应对国内国际经济社会形势的新变化？如何快速掌握和灵活运用现代管理新理论、掌握新技术手段和新方法？这些都对市场监管主体提出了更高的素质要求。如何处理保证公平与鼓励竞争的矛盾，如何调节监管与发展的平衡，如何面对监管工作的长期性、复杂性，要求市场监管的实践者和研究者孜孜不倦地进行探索、改革和实践，传统的以政府为主体、带有强烈政府思维特点的行政性市场监管模式与做法面临着诸多尖锐挑战。进入新时期，面对新形势，运用新的管理理论对传统的市场监管模式进行深入的再思考，在继承中扬弃，在发展中再造，成为工商行政管理市场监管的新课题。

（一）当代公共管理理论与市场监管的新视野、新观点

1. 新公共管理视野下"重塑政府"的观点及其方法

20世纪70年代后，基于凯恩斯主义的西方主要"福利国家"面临着公共财政的巨大压力和经济困境，加之庞大的官僚机构的奢侈浪费、办公低效，使政府遭遇严重的经济危机和公众信任危机。马克斯·韦伯的传统官僚制理论也遭受严厉的批判。推进市场化、摒弃官僚制、再造政府的激进改革不断深入，在部分发达国家取得了很大的成功。这一波被称为"新公共管理"的改革浪潮强调政府是有限政府，要从全能政府中解脱出来，不应该大包大揽所有的社会公共事务，提出要重塑政府职能，用私营部门的管理技术，用企业家精神来改造政府，提出政府"瘦身"的各种解决方案，其实质是要重新定位政府职能以降低公共行政成本，提高工作效率，使政府摆脱财政困境，改善公共服务。其中，美国进步研究所研究员大卫·奥斯本（David Osborne）等人提出的改革政府的十项原则颇具代表性，内容包括：①掌舵而不是划桨；②授权而不是事必躬亲；③注重引入竞争机制；④注重目标使命而非繁文缛节；⑤重视产出而非投入；⑥强调顾客导向，要满足客户需求而不是官僚政治需求；⑦有事业心的政府，有收益而不是浪费；⑧有预见的政府，预防而不是治疗；⑨分权的政府，从等级制到参与和协作；⑩市场导向的政府，通过市场力量进行变革。尽管这十

项再造政府的原则遭到民主政治学者的尖锐批评,但我们不难发现,这些观点无论从理论上还是实践上都堪称见解精辟。长期以来,政府对内的主要职责被认为是征税和向社会提供公共服务,而新公共管理理论认为,政府更主要的工作应该是"掌舵"而不是划桨。向社会提供各种服务,政府并不精通此道,随着社会需求的多元化,政府向公众提供垄断性的单一的服务已经不可能也不现实。政府应该转向一种把政策制定(掌舵)同服务提供(划桨)分开的体制,要权力下放而不是事必躬亲,公共服务市场化、社会化是必然选择。要进行成本核算,降低行政成本;要提倡结果导向,不做表面文章,不跟形势、走过场,要提高公共服务的满意度和效果而不是单纯看投入;要重视防范而不是事后补救;要充分重视市场机制的积极作用而不是否定、限制市场;要注重社会参与合作,发挥社会组织的力量。这些观点对于我们重新审视当代政府角色,正确认识政府职能,思考政府在市场监管领域的定位及如何发挥作用,都具有重要的启示意义。

2. 规制理论与"规制缓和"及"规制重建"的视点

政府规制或政府监管是政府对经济生活直接干预的一种活动,目的是保护公共利益,纠正"市场失灵"。随着经济理论从斯密的经济自由主义向凯恩斯的经济干预主义及新自由主义的转变,关于规制理论方面的研究也日趋重要。特别是在证实了"市场失灵"状态的存在之后,"市场失灵"成为政府规制的逻辑出发点。随着社会经济的发展,规制理论大体经历了政府规制的公共利益理论、政府规制俘获理论、可竞争市场理论、新规制经济理论和激励性规制理论五个阶段。为克服"市场失灵"状况下产生的低效率配置,实现社会福利最大化,公有制经济形式和政府控制扮演着发展和保护经济的重要职能。由于公有化和实施规制使得政府权力过于集中,易于出现"规制失灵"的状态,于是,"解除规制"或"规制缓和"成为改革的必需。规制理论以实践为依托,经历了建立规制—放松规制—规制重建与放松规制并存这样一个演进历程。20世纪70年代后,以美国、英国、日本等国家为代表的一场以放松规制为特点的制度变革几乎波及所有曾经被政府严格规制的产业和经济形式。90年代后期以来,英美国家针对垄断性行业的民营化和放松规制后出现的各种问题，又促使政府大量设置规制机构，强化了政府监管，政府在提倡放权的同时也在某些领域集中了权力。一方面，规制理论的演进要求不断放松规制并在产业中引入竞争；另一方面，网络型公共事业所具有的公共产品的性质又决定了不能简单地以完全放松规制的手段来应对问题，政府也需扮演一定的角色①。所以，规制理论研究的深化和政府部门"放松规制"到"再规制"的实践发展，对我们认识政府有哪些规制职能，在哪些方面、采用何种方式监管市场，保证经济健康发展有重要的意义。

3. 治理理论的多元共治新视点

公共治理理论是在西方福利国家出现财政危机、官僚科层制管理危机，以及公民社会不断发展，公民更多地参与公共事务的背景下出现的一种新型公共管理理论。治理的概念来源于 governance 一词，由于这一概念被广泛应用于社会科学的众多领域，因此，到目前为止，对于治理一词的理解具有很大的模糊性，以至于治理理论没有一个统一的范畴和统一的理论框架，人们在不同的语境下对其往往有不同的理解。例如，在经济学和经营学的语境下，它常常被用来指企业管理中的指导、控制和监督企业运行的组织体制，如公司治理结构。在公共管理和公共政策的语境中，也存在着不同理解：作为公共管理的治理，它指的是将市场机制和私人部门管理手段引入政府部门的管理活动；作为善治的治理，它指的是强调效率、法治、责任、互信、平等的公共管理体系；作为社会控制体系的治理，它指的是政府与民间、公共部门与私人部门之间的合作与互动；作为自组织网络的治理，它指的是建立在信任和互利基础上的社会协调网络②。虽然对治理概念的理解有所不同，但理论界的普遍共识是：全球化和信息化扩大了组织交换和人们交流的范围和规模。更多的行为者卷入了不同层次的经济和社会事务。公共管理主体多元化日益明显，新的治理方式值得重视。正如库依曼指出的，"回应多样的、动态的和复杂的社会问题需要一

---

① 金素. 规制理论的演进与发展分析 [J]. 沿海企业与科技，2008（2）.
② 丁煌. 西方公共行政管理理论精要 [M]. 北京：中国人民大学出版社，2005.

种新的模式,它应该包括以前没有包括的伙伴,不仅关注市场,也要关注公民社会,以及各种各样的管理伙伴。因为政府并不是解决社会问题的唯一行为者,除了传统的方法外,需要新的治理方式解决这些问题"①。

在治理理论体系中,多元共治作为一种理论形态区别于传统的科层统治和自治式发展的自治理形态,越来越受到重视。在科层治理过程中,控制和掌舵毫无疑问是必要的,但在现代社会,面对复杂多变的社会实践,控制和掌舵的权威显然需要补充新的能力。近年来,这种命令型的统治方式正面临着改革,从统治到规制放松,从集权到分权等。对自治理而言,政府可能选择放松规制或者私有化,或者赋予市场商业组织或公民社会自我规制能力。这种自治理不是政府创造的能力,而是来自它们自身在特定的领域内彼此达成的协议。共同治理则既不同于传统的从上到下的科层统治,又不同于独立的单一的自治理,它包含不同的行为主体,政府、商业组织、公民社会都可以参与其中。各行为者之间,控制与被控制的关系被打破,从单一向度的自上而下的统治,转向平等互动、彼此合作、相互协商的多元关系。在这种结构中,更多的参与者不是被迫的,而是主动的;不是命令式的,而是协商的;不是孤立的,而是合作的;不是被阻止的,而是被鼓励的。应当说,面对复杂、多样、动态的社会公共事务,这种多元的、协商的、平等的互动模式符合时代发展要求②。这一观点对经济监管的监管主体的变迁与监管体制建设的探讨提供了新的理论视角。

4. 科学发展观的科学监管新视野

科学发展观是我国以胡锦涛为代表的新一届中央领导集体在借鉴当代西方发展理论有益成果和总结长期以来我国发展实践经验的基础上提出来的,是对马克思列宁主义、毛泽东思想、邓小平理论和"三个代表"重要思想关于社会发展理论的继承和发展。它是一个完整的新的发展理念,内涵丰富,是对发展观念的理论创新。坚持"以人为本"是其本质和核心,

---

① KOOIMAN J. Governing as governance [M]. London: SAGE Publications, 2003: 3.
② 刘智勇. 柔性组织网络建构:基于政府、企业、非营利组织和公民参与的公共服务供给创新模式研究 [J]. 公共管理评论, 2008 (6): 165 – 177.

"全面、协调、可持续发展"是其基本原则和主要内容,"统筹兼顾"和"五个统筹发展"是其根本要求和具体体现,"促进经济社会和人的全面发展"是其精神实质和根本目标。科学发展观运用唯物辩证的观点分析"要不要发展""为谁发展""发展什么""怎样发展"这些关乎中国社会未来前途命运的重要的战略问题,努力把握社会发展的客观规律,是对发展内涵、要义、本质的进一步深化和创新。坚持这样的发展观对新时期进行中国特色社会主义建设有重要意义。科学发展观的提出不仅开拓了马克思主义发展的新境界,回答了事关中国长远发展的重大问题,而且提示我们要用科学的观点、科学的方法、科学的态度、发展的眼光来处理纷繁复杂的社会社务,来看待发展过程中的新形势、遇到的新问题。

科学监管是我国经济监管领域工作者在科学发展观基础上提出的科学地看待和处理经济监管活动的观点、态度和方法。它试图研究经济监管活动的一般规律,实现监管活动一般规律性与特殊性的有机结合。这一观点提倡树立和实践科学监管理念,要求全面回答经济监管的全局性、根本性、方向性问题,坚持用改革的思路、创新的方法解决制约监管工作发展的一些突出问题,使监管方向更加明确,监管思路更加清晰,监管成效更加显著。科学监管具有综合性和专业性的特点。其综合性体现为:监管活动不仅涉及宏观监管体制、发展方向,还涉及具体的、微观的经济活动;不仅涉及监管者与被监管者,还涉及监管活动的客观环境;不仅涉及相关的监管部门,也将涉及社会多个部门以及社会生活的诸多方面。其专业性体现在:不仅要明确具体专业监管部门的对象、领域、职责、目标,也需明确专业监管的权限、内容和手段,注重监管成效。科学监管产生并服务于我国经济监管活动的具体实践之中,既借鉴国外的一些成功经验,又是人们在长期、大量和反复的监管活动实践基础上进行的系统总结、概括和升华。科学监管的新视野力图为在不同的经济领域回答"要不要监管""监管什么""监管为了谁""依靠谁监管""怎样监管"这些重大问题提供一个理论框架,这对于科学地看待和处理市场监管问题有极强的指导作用。

（二）对传统市场监管模式的再思考

面对新的形势和新的理论视野，传统的监管观念及体制模式是否存在不完全适应新形势的方面，能不能从容应对挑战？答案是有待探讨的。对传统市场监管模式的思考将有助于我们知往鉴今，有助于我们更好地开展和推进工作。

1. 对市场监管职能、范畴的再认识

新公共管理强调处理好"掌舵"与"划桨"的关系，把政府的决策职能与管理职能区分开来，明确政府的定位。政府的主要职能是制定法律和规章制度，制定行政行为标准，而大量的具有准公共产品性质的服务提供应该交给社会经济组织或中介组织（包括非营利组织）去做，政府应从纷繁复杂的社会公共事务中解脱出来。20世纪90年代中期我国工商行政监管部门的管办分离为这一观点从实践上做了很好的诠释。工商行政管理的基本职能是市场监管执法，根本目的是促进经济社会发展，但是由于各种原因，这种职能分工还并不彻底，政府监管部门越位、错位、不到位的现象时有发生。政府职能的变化受经济政策变动和环境变动影响很大，政府各部门职能交叉之处过多，导致工商行政管理的监管范畴与边界还有很多模糊不清之处。改革开放以来，从监管集贸市场、个体经济到维护市场秩序，形成统一开放、竞争有序的现代市场体系，再到为市场主体服务和创造良好的发展环境，虽然工商行政管理部门的工作随着不同时期党的中心工作变化而变化，但对市场监管是为了什么，市场监管到底应该管什么、不应该管什么依然存在模糊认识。为什么会出现越位、缺位、不到位的状况？"九龙治水"的局面是否得到根本转变？这些问题依然值得探讨。其根源可能还在于职能定位和职责范畴尚有不明确、不精细之处。

2. 对市场监管理念、方法的再讨论

传统意义上的监管，除了采取常规的登记制度、审查制度等基本形式外，更多的是采取临时性的突击整治和专项整治的方式，这也可以称为以"运动式""灭火式"监管为主的监管模式。这种监管模式有被动性、临时性和成效不确定性等几个特点。市场监管不是建立在对市场秩序深层问题的研究分析判断上，不是建立在探索规律，注重长期的计划、规划上，而是针对市场某一领域的突发事件而被动采取整治行动，也就难免造成监管的被动性、临时性甚至盲目性，这样的监管行为只能治标而无法治本。况且，采取专项整治行动后，没有一个可以量化的市场秩序综合评价指标来衡量市场秩序的好坏，导致工作成绩无法考核、评定，给监管成效带来很大的不确定性[1]。很多情况下是"一阵风"过后，违法违纪行为卷土重来，使监管队伍疲于奔命。从理念上讲，运动式的监管侧重事后管理查处，是以管为主、以防为辅的管理方式。社会经济生活复杂多变，这种只注重表面的阶段性、粗放型的监管终会使监管工作漏洞百出、防不胜防。因监管不力而引发的市场恶性事件甚至公众信任危机已经对此给出了证明。鉴于中国目前经营者素质和法制环境的特殊性，监管应该以"防"为主而不是"管"字当头，要防患于未然。当前全程监管、有效监管等科学监管新理念的提出是对监管理念的重新审视，但需要进行更深入的研究和完善，要能发展出具有可操可控的原则和方法，不能停留于口号阶段，不能停留于表面形式。

3. 对市场监管队伍素质、能力的再评价

改革开放以来，工商行政管理市场监管队伍不断壮大，素质不断提高，执法也越来越规范，在众多行政管理队伍中树立了依法行政、为民行政的典范，成为维护市场秩序的坚强卫士、促进改革发展的重要力量。这是令人倍感欣慰的事。但这并不意味着市场监管队伍素质、能力已经完全能够适应新形势，应对新挑战。监管队伍对于现代监管的理念、目的、任务、职责是否真正地了解？对于现代经营模式和市场经营环境是否有深入的了解和研究？对于现代物资流通的管理知识是否真正掌握？对于新兴的电子商务技术和高技术含量的交易手段是否有管理的能力？对于直接或间接涉及人民生命安全的食品、药品、饮品、农资、化肥等专业领域的监管

---

[1] 申庆三. 工商部门市场监管模式转型路径的思考 [J]. 中国工商管理研究, 2007 (10).

知识是否具备？对于新兴的各种经济形式和多元的市场主体，如何了解其动向，防范其违法违纪行为？对于经济发展形势和市场经营可能出现的问题趋向能否有宏观的把握？这些问题对市场监管队伍素质和监管能力提出了新的要求。如果从这些方面去衡量我们目前的监管队伍和监管能力，笔者只能说，我们有一支基本素质较好的监管大军，而不能说拥有一支精干的专业化的监管队伍。市场监管工作绝不是一罚了事，而是要定规则、定制度、定标准，不是要管死，而是要让合法经营者更好地活。市场监管队伍建设和监管能力建设还有很大的提升空间。职业化、专业化、信息化应该是市场监管队伍建设和监管能力建设的新的发展方向。

4. 对市场监管任务、环境的再考察

市场监管的对象是企业、行业和某一单个商品市场及其相关的经营活动。企业的生产、经营，产品的定价、交易、流通，以及消费者权益保护等各个环节不仅需要市场自发的力量进行调节，同时也需要外部力量的介入，以确立和维护正常的市场秩序。然而，市场监管的对象看似明确，实则不清晰。现实的社会经济生活复杂多样，涉及市场活动的要素众多，这就使监管的任务极其庞杂。仅狭义的市场监管就包括各类企业的登记注册、持证经营，食品安全监管，注册商标专用权保护，广告监管执法，服务消费监管，打击传销和规范直销，实施诚信体系建设，规范经营管理，反垄断与反不正当竞争，等等。工商管理部门市场监管的例行工作多达20项左右，成百上千个行业，成千上万个市场要素，两两相乘使工作任务相当繁杂。要完成市场监管的这些任务，需要良好的监管环境，但现实生活中，行政部门的条块分割、职能交叉，以及地方、行业的保护主义等使市场监管的环境极其复杂，监管任务很难实现。再有，我国的法治环境有待改善，"规制俘获"的现象时有发生。因此，如何创造良好的市场监管环境仍然是一个不容回避的问题。

5. 对市场监管主体、结构的再思考

从我国政府机构的职能划分看，维护市场秩序、进行市场监管的职能和任务主要由综合性部门——工商行政管理部门来承担，各层级工商行政管理部门是市场管理的专责机关，专司市场监管职能。从理论上讲，市场监管的职能和任务是相对明确的。工商行政管理部门或机构通过对市场的经营主体、市场运行过程和市场结构布局等施加影响，以确立和维护市场的良性运行状态。但如前文所述，现实中的工商行政管理部门与其他部门的职能边界并不清晰，任务庞杂，许多任务绝不是工商行政管理部门所能单独完成的，需要政府各相关部门、社会各方面通力合作。这说明，政府部门在"掌舵"（作为决策者）与"划桨"（作为执行者）之间的角色分离远未实现。社会中介组织，如各行业自律协会以及社会仲裁组织、第三方审计评价组织等的权力和权威性远远不够，远未能发挥作用。从多元共治的角度来看，我国单一主体的市场监管模式没有发生根本改变。自上而下的单一监管体制虽然有很多的优势，但由于监管结构单一，行政成本自然居高不下，监管的能力大打折扣，监管的盲区依然存在，"监管俘获"也就不可避免。监管成效既无法比较，也就难以评估、量化。

（三）市场监管再造的基本原则

新形势、新挑战、新视野要求用新的观念模式来不断推进市场监管的改革，现存的监管模式的不足之处正是监管改革大有作为的空间。在扬弃的基础上，只要突破监管的传统观念，突破监管的思维定式，突破监管的能力瓶颈，突破监管的传统格局，市场监管工作就能够抓住机遇，开拓新局，从容应对各种挑战。

1. 结合国情的原则

任何改革都要根据实际，因地制宜。我国的工商管理市场监管体系是伴随着中华人民共和国成立以来的经济建设的发展、调整、改革的进程而逐步探索、形成、发展起来的，是在长期曲折的发展实践基础上确立的，符合我国社会主义初级阶段的发展要求。面对新的国际国内形势、新的理论学说（尤其是西方发达国家的现代管理理论），市场监管体系模式的改革也将被不断推进。但是这一改革一定要立足国情，充分考虑我国当前的国民素质、经济环境、行政体制、政治结构和法治环境，充分吸收我国传统的优秀的管理经验和西方先进的理念方法,古为今用、洋为中用,不搞激进改革,不盲目照搬照抄。

2. 民主参与的原则

行政管理方面的改革往往是政府订方案、出措施,运用体制的力量从上到下强制推行,鲜有公民参与的机会。然而,一项相对成熟的改革方案往往是在广泛征求民意,经过专家、民意代表反复论证、听证并先行试点的基础上逐步推行的。民主的声音、科学的程序、严谨的论证对于改革决策至关重要,在民主的基础上适当集中对于涉及范围广泛的市场监管改革尤为必要。

3. 立法先行的原则

改革的措施、标准、步骤有法可依是改革得以顺利推行的先决条件。大凡成功的改革往往经过充分论证,立法先行,措施配套。这对于保证改革方向、降低推进成本大有裨益。这是注重程序的西方国家推进改革的一条宝贵经验,值得我们借鉴和使用。

4. 操作性的原则

无论是理念还是规则,一定要符合市场实际,符合管理者的管理水平和被管理者的接受水平。理念和规则要能够转化成具有可操作性的行为、可衡量的标准,否则,再好的改革思路和想法也会变成无本之木、无源之水,失去参与各方的信任,改革成效将大打折扣。

(四) 市场监管再造的四项突破

1. 深刻理解"四个统一"的原则,突破监管的传统观念

市场监管再造的核心在于观念的创新与突破。传统的观念以"管""罚""取缔"为主,体现为工作成绩中的日常罚没和专项整治成果。其重在"堵"。然而,现代经济规模巨大,交流急速,科技含量高,更需要"疏"的理念和方法。这就需要处理好监管与发展的关系。国家工商管理主管部门提出的"努力实现监管与发展、监管与服务、监管与维权、监管与执法'四个统一'"是对传统监管观念的质的突破。"四个统一"不仅

是对改革开放以来工商管理工作经验的高度总结,更是对新形势下工商管理工作的理念、要求和方法的高度概括;不仅是对具体工作的部署,更是科学发展观在工商工作中的具体体现。"工商行政管理机关履行市场监管职责的过程,也是服务科学发展、服务人民群众的过程。工商行政管理机关不仅要尽职尽责做好市场秩序的监管者,也要尽心尽力当好经济发展的促进者、消费者权益的维护者、市场主体的服务者。"① 深刻理解"四个统一"的原则,就抓住了监管再造的核心,明确了监管既是目的更是发展的手段,对进一步从体制、机制、法制上构建全新的市场监管模式具有统领意义。

2. 树立强化"四种理念",突破监管的思维定式

思维决定习惯和行为。传统的监管以突击式、运动式、灭火式为主,其出发点还是"管""罚""灭"。市场监管再造,需要突破传统的思维定式,为"疏"的观念寻找方法。这就需要树立和强化"全程监管""信息化监管""无缝隙监管""有效监管"的理念。

全程监管主张监管活动涉及监管客体市场活动的全过程,不仅注重事后查处,更注重加强事前的警示、防范,以及事中的巡查、指导、制止,促使监管客体按照规定的准则和要求合法地开展市场活动,从而达到保护市场经营者和消费者的目的,维护正常的市场秩序。

信息化监管就是大量运用信息化技术和手段开展监管活动。通过信息采集、分析处理和监测、共享,及时掌握市场监管客体的各种情况,从而大大降低监管成本,提高监管效率。

无缝隙监管的目的是让市场监管的"触角"覆盖市场活动的各个层面,彻底消灭"管理死角"。其重要特点之一是它的可追溯性。它要求纵向管理的每个环节都具有可追溯性,不让监管链条断裂。一旦发现产品问题,可以从上往下进行追踪,查找发生问题的环节;也可从下往上进行追溯,以确定产生问题的原因。同时,无缝隙监管强调管理的可覆盖性和不

---

① 周伯华. 在开展深入学习实践科学发展观活动动员大会上的讲话 [EB/OL]. [2008 - 10 - 09]. 国家工商总局网站.

间断性，要求横向管理的每个角落都具有"可覆盖性"，不留监管盲区和空隙；要求监管部门以一种整体的而不是各自为政的方式提供服务，它传递的都是持续一致的信息①。

有效监管重视监管的结果而非投入。这是一种结果导向的监管理念。监管的最终目的是建设健康、有序的市场环境。监管的投入大、成本高并不一定代表监管就能取得应有的成效。从效果论的角度来看，研究如何监管才能更有成效才是市场监管的真正出发点。

3. 积极推进"四个转变"，突破监管的能力瓶颈

市场监管再造的成效归根结底体现在监管能力的提升上。突破监管的能力瓶颈，需要从四个方面着手：

一是努力实现监管领域由低端向高端延伸。监管范围要由监管传统集贸市场向依法监管各类消费品市场以及生产资料市场、生产要素市场、新兴网络市场等延伸，监管重点要从个体案件查处向涉及群众利益的社会重点、热点、难点问题延伸。

二是努力实现监管方式由粗放向精细转变。要着眼于提升监管效能，由简单的责令整改、罚款没收向警示指导与依法规范相结合转变；由事后监管为主向注重事前规范、事中指导、事后监管相结合转变；由对各类市场主体简单、粗放监管向实施市场主体分类和信用差别监管转变。要着眼于整合执法资源，由大一统的粗放监管方式向依托经济、户口、信息、资源的网格化属地监管转变，由多头执法、分散执法向集中力量、协同监管的方式转变，由单一地域、单一业务条线的简单纵向互动监管向政策共商、措施共议、资源共享、执法联动的跨省市、跨区域、跨业务合作监管转变，由封闭式、单打独斗式监管向整合系统资源、主动争取其他部门支持的开放式监管方式转变。

三是努力实现监管方法由突击性、专项性整治向日常规范监管转变。构建市场监管长效机制。由被动接受任务、被动开展监管向积极主动监管

---

① 卞海霞. 无缝隙监管：中国食品安全的防火墙［J］. 理论观察，2009（1）.

群众反映的热点、难点问题转变;要明确岗位职责,完善监管机制,由权责不明、运行不畅向责任清晰、程序规范的日常监管转变;要把专项整顿与日常监管有机结合,由过分依赖突击性、专项性整治向重视发挥日常规范监管的作用转变;要重规划、善统筹,由临时组织专项整治向统筹规划专项整治、发挥监管合力转变。

四是努力实现监管手段由传统向现代化转变。要由传统的经验式监管逐步向以高科技手段为依托的现代化监管转变,努力实现执法装备现代化;由传统的手工监管模式逐步向以信息化、网络化、自动化为主的现代监管模式转变,努力实现监管网络化;由传统的监管资源条块分割、信息数据共享不足向依托现代网络技术,集市场准入、食品安全、执法办案、消费维权等于一体的业务条线互联互通、信息数据共享共用的现代化、立体化信息网络系统监管转变,努力实现监管数据资源的网络化、监管系统的集成化[①]。

4. 充分调动社会力量,突破监管的传统格局

要解决行政成本高、监管能力弱、监管有盲区、监管部门"被俘获"、监管成效无法衡量等问题,需要建立"政府主导、社会参与、行业自律、多元共治"的大监管格局,突破传统的政府单一主体的监管体制、机制。政府在市场监管体系中的角色与作用,主要是抓住监管的核心业务,保留重要的执法权力。其首要任务应当是定方向、定标准、定规则,同时为各社会监管主体和市场经营主体提供良好的制度环境和法律保障。政府法律、标准体系的成熟、监督体系的完善,有效的社会参与激励机制,是大监管格局形成的有力保障。这些资源也只有政府能够提供。大量的非政府组织、社会非营利组织的广泛参与,能够充分发挥信息、人才、专业优势,及时发现新问题、新苗头,研究新方法、新思路,提供专业的监测、审计、信息化服务,将大大降低政府机构运行成本。信息不对称状况的存在,使得政府对很多领域的监管往往无能为力。发挥行业自律组织的积极

---

① 周伯华. 在开展深入学习实践科学发展观活动动员大会上的讲话 [EB/OL]. [2008-10-09]. 国家工商总局网站.

作用，提供更为专业的监管，将是新形势下市场监管不可或缺的要素。社会不同主体从不同的角度，发挥不同的优势，参与协作，共同治理，才能实现资源整合，无缝隙监管、全程全方位监管才能真正落到实处。建立这样一种大的监管格局，需要一定的社会条件。例如，要培育、指导社会中介组织的快速成长，要有良好的激励机制，以解决不同社会主体的动力问题，要维护法律、制度的刚性，要成立专门的协调议事的权威机构，这样各行为主体的平等合作才有可能，才有保障。要有透明的社会监督和问责机制，这样才能减少政府部门和中介组织作为监管者"被俘获"的现象。

市场监管的再造是一个庞大的系统工程，是动态的、渐进的过程，不可能一蹴而就；要根据中国国情，在转变观念、积累现实条件和完善法治环境的基础上逐步推进。当然，在我国当前的现实条件下，完成改革目标，实现科学监管，还有很长的路要走。只要各级政府真抓实干，找到突破口，激发出社会创造性，改革就能不断深化，不断被推进。

公共管理视域下工商行政管理职能转变的若干思考*

【摘要】职能转变是市场化改革的重要内容。工商行政管理部门作为国家政府机构的重要组成部分之一,其职能必然随着政府行政职能的转变而有所调整和改变。工商行政管理的职能为什么要转变?转变什么?如何转变?这是工商行政管理部门职能转变和机构改革必须要梳理、回答和解决的三个基础性问题,也是职能转变的核心问题。如果对这些基础性问题认识不清楚、理解不透彻、思考不系统,那么今后无论是在原有基础上的存量改革还是增量改革,无论是激进改革还是渐进改革,都可能导致拆东补西、支离破碎。公共管理的系列观点必将为工商行政管理发展改革和职能转变提供强劲动力和智力支持。我们从理论上简要梳理行政职能的基本内涵,用系统的方法、从特定的理论视角提出了关于工商行政管理职能转变五个方面的思考,目的在于降低改革试错的成本和改革的风险。

一、引言

政府职能反映政府管理活动的原则、内容与方向,表明政府在国家社会生活中的角色与作用,它是政府行政组织设置、资源配置和制度规范设

---

* 本文写作于2012年年末,发表于《中国工商行政管理研究》杂志2013年第6期。尽管市场监管形势发生了很大变化,但政府职能转变始终是行政改革的重要内容。本文是对当时工商行政管理职能转变的系统思考,对当前的市场监管改革仍有一定的参考价值。

立的重要依据，是行政决策与执行的基础，是行政改革与优化调整的核心。第十二届全国人民代表大会第一次会议审议通过的《国务院机构改革和职能转变方案》，突出强调以转变政府职能为核心的机构调整，抓住了改革的核心和关键。该方案提出要坚持解放和发展社会生产力，激发市场活力和社会活力，坚持简政放权，明确了改革的原则、重点和方向；要求以更大力度，在更广范围、更深层次上，加快国务院机构的职能转变，顺应世界范围内公共管理改革的大趋势和中国改革的发展需要。工商行政管理部门如何在中央改革理念的指导下，结合现阶段的国情实际，推进以转变职能为核心的系列改革，是当前理论界和实务界亟待思考、研究和明确的重大课题。

二、公共管理理论视域与工商行政管理职能转变之关系

（一）政府职能、行政职能与职能转变

政府职能是一个较为复杂的体系。政府管理活动范围涉及国家社会生活的方方面面，政府职能的复杂性首先体现为内涵的多样性。广义的政府职能从性质上讲，包括统治职能和社会管理职能；从范围上讲，分为对内、对外职能；从领域上讲，分为政治、经济、文化、社会等基本职能。狭义的政府职能，从管理活动上讲，包括组织、决策、协调、控制等职能；从管理层次上讲，包括高、中、低等层次的管理职能等。其次，政府职能的复杂性表现为功能的动态性。政府职能随国家社会生活及行政环境的变化而变化。社会不断变迁，政府的定位、角色、职责和作用也在不断发生变化，从统治者到"守夜人"，到经济社会的全面干预者，再到经济社会的"调节器"，可以说国家社会演变史的核心就是政府职能的演进史。这种动态的变化短期内可能不明显，但长期看还是具有鲜明的时代特征的。最后，政府职能的复杂性还体现在政府机构在决策与执行中的"二分论"和"不可分论"。在三权分立、议行并立的国家和在议行合一的国家，

"政府"及"政府职能"皆有不同的解读。

按照通常的理解,政府职能主要涉及政府管什么、怎么管和发挥什么作用的问题。实际上,这样的理解更多是指行政职能。我们所探讨的历次改革中的职能转变也聚焦于行政职能,而非广义的政府职能。行政职能是国家行政机关在管理活动中的基本职责和功能作用,它是政府职能的具体执行和体现,它发挥的程度制约和影响其他政府职能的实现程度[①]。行政职能具有多样性、动态性、复杂性等特点,同时还带有明显的国家意志,具有权威性、强制性及可执行性等特征。政府职能转变的核心是行政职能的转变,是行政职能动态性特征的集中体现,是政府行政机构适应经济社会发展新形态、新阶段的必然要求。随着国家经济社会生活的变迁和行政环境的变化,行政职能的范围、内涵、主次矛盾、作用等必然发生变化,行政执行的主体、手段也要适应变化和发展的需要及时调整。因此,职能转变探讨的内容既包含行政管理的范围、内容、对象等的变化,也包含管理主体构成、角色、职责、作用的转变,以及管理技术、手段等的与时俱进。

(二)工商行政管理职能转变的核心问题

工商行政管理部门是国家政府机构的重要组成部分之一,其职能必然随着政府行政职能的转变而有所调整和改变。工商行政管理的职能为什么要转变?转变什么?如何转变?这是工商行政管理部门职能转变和机构改革必须要梳理、回答和解决的三个基础性问题,也是职能转变的核心问题。如果对这些基础性问题认识不清楚、理解不透彻、思考不系统,那么今后无论是在原有基础上的存量改革还是增量改革,无论是激进改革还是渐进改革,都可能导致拆东补西、支离破碎。由于从不同的角度、以不同的理论指导看问题,得出的结论和改革的路径不尽相同,因此,从理论上简要梳理行政职能的基本内涵,用系统的方法,从特定的理论视角去思考

---

① 夏书章. 行政管理学 [M]. 北京:高等教育出版社,2008:54.

和指导改革尤为必要，这样做的益处在于试错的成本、改革的风险将大大降低。

（三）公共管理理论视域简析

20世纪70年代末至80年代，西方许多国家掀起了一场声势浩大的"政府再造"改革浪潮。尽管西方各国在自身国情、行政体制、改革背景等方面存在差异，导致改革起因、领域、角度与力度、策略与措施等存在诸多不同，但大多数国家在政府改革中采用了相近或相似的价值取向和改革举措，即运用了各种公共管理理论，如"新公共管理""管理主义""新治理""政府重塑"等。它们侧重在政府治理理念、运营模式、组织形态、运行机制、管理技术等方面打破传统的集权制和官僚制的管理模式，逐步形成一系列改革观点[①]，如管理理念强调"掌舵而不是划桨"，管理结构的扁平化（"摒弃官僚制"），管理主体的多元化（公共服务的市场化、社会化），权力资源的分散化（公共行政的社会化与分权化），管理手段的企业化（"企业型政府""契约外包""顾客导向""结果导向"），管理程序的民主化（"公民宪章"与公众参与），管理技术的信息化（"电子政府""数字政府"），人力资源管理和组织结构的弹性化（"参与型政府""弹性雇佣""绩效评估"），等等。这些改革要旨渗透着简政放权、放松规制的原则，同时又充分利用技术和信息优势，大大激发了市场活力和社会活力，为西方国家政府摆脱财政、管理及信任困境提供了新的动力和理论指南，适应了经济全球化、信息技术的飞速发展和知识经济时代来临的形势，大大改善和提高了政府效率和公共服务质量。

（四）公共管理理论与工商行政管理职能转变

我国新一轮的机构调整改革和职能转变方案中的诸多理念和指导原则，在充分分析中国国情实际和发展阶段的前提下，吸收或契合了公共管

---

① 程祥国，韩艺. 国际新公共管理浪潮与行政改革 [M]. 北京：人民出版社，2007.

理理论的要义和精髓。中央多次强调改革要向市场放权、社会放权、地方放权,激发市场活力和社会活力,发挥市场的资源配置作用,最广泛地动员和组织人民参与管理,等等。这些都顺应了公共管理改革的国际大趋势,必将在更深层次上加快改革和促进发展,从而又好又快地实现改革目标。工商行政管理部门在行政执法和市场监管的过程中,必须做到向市场放权、向社会赋权,最大限度地激发市场和社会活力,因此公共管理的系列观点必将为工商行政管理发展改革和职能转变提供强劲动力和智力支持。

三、公共管理视域下对工商行政管理职能转变的思考

(一)工商行政管理职能转变的逻辑起点和历史起点要清晰、明确

行政职能转变是行政职能特征动态性的内在要求,是经济社会发展的必然选择。工商行政管理部门作为维护市场经济秩序的综合管理部门,必定要顺应经济社会发展形势的变化而改变行政职能,这是职能转变的逻辑起点。我国仍处于社会主义初级阶段,社会发展的基本动力和基本矛盾依旧没有改变,这是我国现阶段的基本国情;我国社会主义市场经济体制已经基本确立,今后仍需继续推进、发展和完善市场经济,这是我国经济社会发展的新形态和新形势。经济形态的变化和经济发展要求工商行政管理部门适时调整行政职能,这是工商行政管理职能转变的历史和实践起点。理清职能转变的逻辑和历史、实践起点,是工商行政管理职能转变的前提和基础,解决的是为什么要进行职能转变的问题。中华人民共和国成立后,我国的经济发展经历了确立计划经济形态、确立过渡性市场经济形态和初步确立社会主义市场经济形态等几个阶段。从商品的国家配给制、农贸市场搞活到全国统一大市场的建立,到加入世界贸易组织、走向经济全球化,我国经济形态发生了很大的变化。同时,市场环境、技术环境和人

们的需求也发生了很大的变化。工商行政管理部门是维护市场经济秩序的综合管理部门,其管理对象、管理范畴、管理手段必然要进行调整。随着市场经济形态的日臻成熟和新经济形态不断涌现,工商行政管理部门更要在管理理念上适时进行更新、转变。抱住原有观念、旧有规则和既得利益不放,将严重束缚和制约经济的发展,导致经济发展迟滞和倒退。我们应充分认识工商行政管理职能的动态性特征和我国经济发展的新阶段和新形态,做好工商行政管理职能的转变工作。

(二) 工商行政管理职能转变应该有科学的理论作指导

随着我国市场经济的逐步建立和经济形势的发展,工商行政管理职能转变已逐步在业界达成共识。但是工商行政管理职能如何转变?依据什么转变?对这样的问题还需要深入探讨。有的学者认为,市场经济主要是一种由市场来配置社会资源的经济运行方式,在市场能够发挥作用的经济领域,尤其是私人物品的生产和供应上,政府应该放手让市场这只"看不见的手"发挥作用,自身不必参与或干预资源配置;而在一些领域,特别是公共物品的生产和供应上,在市场机制难以有效配置资源的地方,必须由政府参与社会资源的分配。在经济发展环境良好、法制健全和市场主体素质较高的情况下,这些观点不无道理。但是,我国目前市场经济环境和市场主体的素质到底如何?法律体系是否健全和发挥作用?如何判定市场机制在哪些领域、何种情况下发挥作用?政府职能是弥补"市场失灵"还是进行"政府替代"?[①] 这些问题仍需要我们认真分析研判。在考察借鉴西方市场经济发达国家的经验和学习西方先进理论的同时,必须充分考虑目前我国经济发展的现实,分析我国所处的时代背景、经济发展水平、市场经济传统、生产关系和社会主要矛盾。有的学者认为,我国的经济发展和政治体制是与西方国家存在着很大差别的,我国的社会主义市场经济体制不

---

① 政府替代是指政府通过强制的行政、法律手段,替代一部分尚未发育、残缺或运行失效的市场机制,通过直接或间接地干预企业所有权、决策和经济运行等手段自觉地组织市场、实现资源的合理配置和有效运行,迅速解决资源配置的困境,推动经济增长。

像西方国家那样主要靠经济基础的自发缓慢演变,而是靠国家或政府的力量推动在短期内建立起来的,市场经济体制尚不成熟,市场调节必然有限和不充分,在经济转轨时期和市场经济的发展过程中,我国政府必须充当公共物品的供给者和经济负外部性的消除者的角色[①]。不同的观点对政府职能的转变有不同的理解,这就要求政府职能转变,特别是作为市场综合管理者的工商行政管理部门必须科学地分析形势,用辩证的、系统的眼光看问题,用科学的理论作指导,既不能相信"市场神话",又不能将市场束缚得过死。换句话说,在处理政府与市场的关系时,既要避免不恰当地夸大市场调节的作用,又不能过度干预,也不能不干预。这就需要合理确定转轨时期政府干预的范围、内容、力度与方式,渐进改革,以保证市场经济的顺利发展。

(三) 工商行政管理职能转变的核心是管理理念的转变和管理角色的调整定位

人的行为以及行为者的行动选择,都是由基于理性的信仰、追求等价值观念决定的。但是,工具理性以效率的逻辑和统治的逻辑全面排斥和挤压人文追求和价值理性,导致科层制官僚组织的无限扩张和价值理性的日益衰落,这也是理性的倡导者马克斯·韦伯所痛心和深刻批判的。西方社会的现代化困境、人与组织的异化和不断出现的经济危机,促使人们深入反思工具理性带来的"原始罪恶",因此,从本源上讲,价值理性应当指引工具理性,工具理性和价值理性融合发展日益成为多数人的共识。这种价值理性内涵在政府管理过程中体现为管理理念与追求、管理角色的定位,而工具理性则体现为管理职能和管理技术等方面。通俗地讲,就是管理的价值追求决定管理的行动,管理理念决定采用何种管理工具和手段实现管理目标,管理理念的转变决定并推动着职能变化。改革开放以来,随着经济社会发展形势的变化,我国工商行政部门管理理念和管理角色发生

---

① 李晓. 东亚奇迹与强政府 [M]. 北京:经济科学出版社,1996:91-92.

了很大改变。从单纯的管控、收费转向培育、维权，再转向监管、发展、服务，从管制者转向市场建设者和服务者，反映出管理理念的进步和发展。根据我国国情和经济发展形态，今后一段时期，工商行政管理部门还需要进一步从纷繁复杂的管理事务中解脱出来，日益明确"掌舵而不是划桨"的管理理念，需要完成从市场的直接管理者向市场规则的制定者、市场秩序的监督者和市场恶性竞争执法者的角色转变。在我国社会主义市场经济初步确立的发展阶段，工商行政管理部门还要充当市场行为的指导者、市场发展的培育者、消费者权益的保护者等多重角色，做到监管、执法、维权、服务、发展等各项职能的辩证统一。从这个角度讲，在工商行政管理职能转变的过程中，在向市场放权、社会赋权的过程中，工商行政管理部门的职能非但不能弱化，反而应进一步强化；不是向市场"卸载"，而是更多地对市场和社会"担当"。

（四）工商行政管理职能转变重点在于管理主体和管理模式的创新

如前所述，工商行政管理的业务广泛、内容繁杂、职能多样、角色多重，这是由我国所处特定阶段以及特定经济形态和发展形势决定的。如何从纷繁复杂的管理事务中解脱出来，使工商行政管理职能得到更好地发挥，这是工商行政管理职能转变要解决的突出问题。按照传统的管理理念，行政机构的管理幅度和管理资源成正相关关系。也就是说，管理业务增多了，职能增加了，人、财、物资源也要同步增加，这样才能解决"活多人少"的矛盾。在工商行政管理的实践中，确实存在着大量的类似问题。例如，一个区县级工商局监管几万、几十万家企业，一个网格责任人监管几千家企业和店铺，按正常的工作量，即使一个人监管一个部门且年中无休，也很难监管到位，这就不可避免留下监管真空，更遑论指导、培育和发展。但能否在管理资源不变的情况下更好地完成职责呢？换句话说，在简政放权之后怎么办？这是一个很紧迫、很尖锐的问题！公共管理理论和部分地区的改革探索为我们指明了思路和方向，那就是社会化和参与式治理，即在向社会赋权基础上实现管理主体的多元化、管理结构的扁平化和管理方式的多样化。这就和政府管理角色调整定位紧密相关。如果政府定位为职责清晰的、市场的间接管理者，亦即管理的组织者和合作者，那么，大量的非行政性工作则可以由特定市场的利益相关者（商品的生产者、经营者、消费者、行业协会、市场场所供应者、经营属地管理者、质量标准制定者、质量检验者、同类产品竞争者、市场秩序监管者、执法者以及流通环节的各种相关者）共同完成。建构一种多元主体合作、弹性灵活的管理模式和组织模式便成为必要。这种建立在以遵守规则为前提、以利益调整和制衡为核心、多元主体良性互动基础上的模式，其实质就是在监管职责不放松的同时向社会赋权。也就是说，工商行政部门管住、管好自己该管的事，最大限度地激发市场活力和社会活力，让人民群众参与管理。这就要做到该取消的必须取消，该下放的必须下放，该整合的必须整合，该加强的切实加强，确保职能转变取得实质性进展。北京市东城区以及其他一些地方建立"社区工商工作站"就是一种有益的探索。管理主体多元、管理模式创新是工商行政管理职能转变的重点和方向，也是当前工商行政管理社会化改革的核心和关键。

（五）工商行政管理职能转变必须与特定历史时期的行政环境相适应

行政环境是指影响行政系统生存与发展的要素的总和，包括外部环境和内部环境。外部环境是指行政系统界限之外的、直接或间接影响行政系统生存与发展的因素或条件的总称。内部环境是指行政系统界限之内的影响其生存和发展的各种要素或条件的总称。行政环境是一个非常复杂的体系，按不同的标准可以进行不同的分类，如按性质分为自然环境与社会环境，按系统分为宏观环境与微观环境，按内容分为经济环境、政治环境、宗教环境、法律环境、信息技术环境、国际环境等。一般来说，各种环境对行政系统都会产生或大或小的影响，直接或间接影响行政系统的性质、结构、功能、运行方式等。就外部环境或社会环境而言,政治、经济、文化、法律、科技、国际、舆论等环境因素对行政系统的影响相对重要。工商行政管理职能转变一定要和特定阶段的各种环境相适应。在经济层面,要分析经济发展阶段、经济发展形态、经济发展方式;在法律层面,要梳理相关法律、法规,完善法律体系;在科技层面,要充分注重管理技术的信息化,利用、开发新的技术和手段,提高监管的技术水平,完善信息工商和信用工商的建设,研究由技术发展引起的新的市场变化,如研究电子商城、网络交易、移动支付等各种新兴业态和交易手段;在舆论层面,要加大职能宣传,取信于民,服务于民;在处理与其他部门关系时,要充分认识到现阶段各相关部门的优势和不可替代性,要打破信息壁垒,实现资源共享和协同创新,进一步完善联动机制和协调机制。

当然,除上述五点分析思考之外,工商行政管理职能转变还必须与服务型政府转型相适应,要和宏观的政府改革的指导思想相一致,要不断进行自我革命,深化内部机制体制改革;要处理好内部与外部、中央与地方、执法与服务、效率与公平、微观与宏观、近期与长远、稳定与发展等各种关系,将工商行政管理职能转变纳入整个政府职能转变过程中来,以系统的、发展的、长远的眼光看待改革。唯其如此,才能真正维护和发展好市场经济秩序,完成工商行政管理的光荣任务与使命。

再造市场监管新格局：多元共治视野下的市场监管模式创新研究*

【摘要】 新形势和新技术条件下市场活动的多样性、复杂性、动态性、私密性和网络化对市场监管主体规范市场环境和维护市场秩序提出了新的巨大挑战。传统的以政府部门为主体、带有强烈政府思维特点的行政性市场监管模式与做法正遭遇诸多难以预防和破解的问题。解决行政成本高、监管能力弱、监管存在盲区、监管部门"被俘获"等问题，亟须监管理念的更新和监管模式的变革。治理理论体系中的多元共治为我们提供了一个新的分析框架。突破传统监管体制、机制，建立"政府主导、行业自律、社会参与、协同共治"的大监管格局尤显必要。

近年来，虽然我国政府部门的市场监管部门改革始终未曾停止，但效果仍不尽人意。市场经营主体的欺诈行为和信用问题及产品的"假冒伪劣毒"等质量问题仍层出不穷。特别是在食品、医疗器械、药品和农业生产等领域出现"毒大米""毒奶粉""假药""假种子"等，严重危害了人民群众的生产、生活安全和身体健康，损害了各相关行业的社会形象和信誉，破坏了市场环境，对社会乃至政府的公信力也造成恶劣影响。在我国加入世界贸易组织的新形势和现代信息技术飞速发展、社会公众需求日益多样的情况下，现代市场活动呈现出许多新的特征。传统的以政府管理部

---

* 该文完成于 2009 年 9 月，未公开发表。本文对信息技术条件下的市场监管的环境和条件进行了分析，指出现代市场活动呈现出国际化、信息化的新形势和复杂、多样、动态、私密、网络化等新特征，这对市场监管提出了新的挑战，本文在国内较早提出多元社会共治的理论框架和策略分析，有一定的前瞻性。

门为主体、带有强烈行政方式的市场监管模式正遭遇诸多难以预防和破解的问题。反思我国当前市场监管理念、模式,对传统的市场监管模式进行改革创新,在继承中扬弃,在发展中再造,成为市场监管亟待解决的问题。

一、经济社会新形势、现代市场活动新特征与市场监管改革的必要性

当今时代,全球化和信息化的迅猛发展正以前所未有的速度全方位地影响着人类的生产和社会生活。信息高速公路、电子商务的迅速普及乃至物联网(Internet of Things)技术[①]的初露端倪,推动着人类的生产经营方式从传统的工业文明向信息文明快速转变。现代经济、政治、社会生活的丰富多彩,经济全球化和国际、国内交流的日益深入,科技的迅猛发展,人们物质文化生活水平的不断提高和需求的日益多样化,决定了现代市场生产、交换、流通和消费方式的复杂化、多样化和动态性。伴随着计算机网络技术的快速发展和数字化、智能化电子商务平台的应用,市场经营活动和人们的消费方式也变得更加便捷和私密化、网络化。"坐地日行八万里,逛遍天下商贸城"已不再是遥不可及的事情。

现代市场活动呈现出国际化、信息化的新形势和复杂、多样、动态、私密、网络化等新特征,对市场监管提出了新的挑战。一方面,我国加入世界贸易组织后,与世界的经贸往来日益频繁,国际化程度日益提高,对企业的资质、市场的规范性和产品质量的要求越来越高。市场竞争的加剧及信息技术的广泛应用,加大了对市场监管能力的要求和执法的难度。另一方面,市场活动的多样性、复杂性、动态性,增加了监管主体规范市场

---

① "物联网"是在互联网概念的基础上,利用射频自动识别(RFID)技术,红外感应器、全球定位系统等信息传感设备,通过计算机互联网进行信息交换和通信,实现智能化识别、定位、跟踪、监控和管理的一种网络概念。物联网将通过网络实现对产品全程的可视化数据展现,让用户了解从产品生产、仓储到物流配送的整个流程和环节,对提升用户的满意度起到积极的作用。物联网就其本身来说,代表下一代信息发展技术,但其商用模式尚不成熟,仍有待完善。

环境的复杂性。新型现代化生产、管理方式的出现和各种营销手段的应用，亟须监管主体进一步拓宽市场监管的视野和范围；现代生活、消费方式的转变，信息技术在商品交换、流通领域的运用，也对监管理念的转变和监管科技含量的提高提出了新的要求。应对国内国际经济形势的新变化，适应现代市场活动的新特征，快速掌握和灵活运用现代管理新理论、新技术、新方法，创新和再造市场监管格局，显得尤为必要。

二、我国市场监管的现状与认识

（一）市场监管主体、职能范畴与方式

我国传统意义上的市场监管，是以政府部门为主的行政行为。随着我国社会主义市场经济体制的确立和逐步完善，目前我国的国民经济管理部门大体上分为两类：一类是综合性的经济管理机构，主要任务是进行经济宏观调控和监督、行政执法和信息服务，如国家发展和改革委员会、中国人民银行、财政部等；另一类是专业性的经济管理机构，主要职责是制定本行业规划和行业政策，进行行业管理，引导本行业的产业结构调整，维护本行业的平等竞争秩序，如工业和信息化部、交通运输部、商务部等。在我国，虽然各行业部门存在一定的职能交叉，但维护市场秩序、进行市场监管的主要职能和任务更多地由综合性部门——工商行政管理部门来承担。各层级工商行政管理部门是市场管理的专责机关，专司市场监管职能，在我国市场管理体制中充当着主要角色。

根据《国务院关于机构设置的通知》（国发〔2008〕11号），我国工商行政管理部门市场监管的主要职责为11项，这些职能、职责，可以简要归结为五大类：第一类，市场准入监管，包括市场主体登记注册、监督管理等；第二类，市场维权监管，包括市场商品质量、安全的监管和维权的指导等；第三类，市场竞争监管，指依法规范和维护各类市场经营秩序，监督管理市场交易行为、网络商品交易及有关服务的行为，包括对传

销和直销业的监管,对不正当竞争行为的监管,对经纪人、经纪机构及经纪活动的监管,等等;第四类,市场活动监管,包括食品安全管理、广告管理、合同管理、商标管理、信用管理等;第五类,市场行政指导与信息服务,规范指导企业发展并依法发布相关基础信息等。

依据法律、法规和规章以及国务院的授权,工商行政管理机关有以下权限[①]:①规章制定与发布权;②登记注册权;③对市场经济活动中的违法宣传、经营、竞争、商业贿赂等行为依法调查权和处罚权;④市场交易场所的经营秩序维护权;⑤行政指导和调解权;⑥对消费者权益的保护权;⑦工商行政法规解释权。

从监管方式上看,除了常规的登记制度、审查制度等基本形式外,我国政府部门更多地采取临时性的突击整治、专项整治的方式。这也可以称为以"运动式""灭火式"监管为主的监管模式。

(二) 我国对市场监管理念的理解和认识

虽然市场监管这一概念在社会科学众多领域被广泛应用,但对于什么是市场监管,市场监管的内容、目标、范畴是什么等,到目前仍没有统一的认识。国内学术界比较普遍的观点是,市场监管是政府管理经济的一种重要职能,它是政府为弥补"市场失灵"、维护正常的市场秩序,对市场主体及其所从事的市场交易和竞争行为进行的监督和管理[②]。有学者认为,这样的认识过于狭隘,必须从公共管理和公共治理的视角来认识和理解市场监管的内涵,重新审视市场监管的职能、作用及监管的方式和方法。从公共治理的视角看,市场监管本质上是公共事务的治理。"市场监管所涉及的事务完全符合公共事务的定义,市场监管的行为涉及全社会公共利益。所以市场监管活动是涉及公共利益和公共事务的活动,是'市场失灵'条件下或市场机制不起作用的范围内政府和有关部门的监督管理

---

① 许光建. 工商行政管理概论 [M]. 3 版. 北京:中国人民大学出版社,2008:53-54.
② 肖兴志,宋晶. 政府监管理论与政策 [M]. 大连:东北财经大学出版社,2006:206.

活动。"①

上述两种代表性观点皆有可取之处，也都存在一定不足。若仅把市场监管当作政府的职责与职能，则忽略了公共事务管理的多元主体的社会存在。若将市场监管的本质笼统地概括为对公共事务的管理，则会使得市场监管丧失自己的特性。因此，笔者认为，市场监管指的应该是政府或社会相关组织依法对企业、行业或某单一市场或市场要素的规范、监督与管理活动。随着市民社会的兴起和传统国家职能的变迁，市场监管的主要力量是政府但又不能局限于政府，政府只是市场监管的重要主体之一。从完善市场监管的体系和公共管理的视角看，社会力量作为市场监管的力量不容忽视。同时，市场监管主要是对商品经济中市场各环节及市场要素的监管，侧重微观监管而非宏观调控，更不是对市场经济条件下所有公共事务的管理。

三、对我国现有监管模式的再认识与思考

近年来，我国政府部门在规范市场环境、维护市场秩序、促进市场发展和保护消费者权益等方面取得长足进步和明显成效，但仍存在很多不足，有必要对此进行认真检视和反思。

（一）市场监管的主体与结构

从我国政府机构的职能划分看，各层级工商行政管理部门是市场管理的专责机关，专司市场监管职能。从理论上讲，市场监管的主体、职能任务是相对明确的。工商行政管理部门或机构通过对市场的经营主体、市场运行过程和市场结构布局等施加影响以维护市场的良性运行。但从实践来看，工商行政管理部门职能边界并不清晰，任务庞杂，这些任务绝不是工商行政管理部门能单独完成的，这就需要政府各相关部门、社会各方面的

---

① 杨松. 公共治理视野下的市场监管边界和监管方式 [J]. 商场现代化, 2008 (32).

通力合作。这说明,政府部门在"掌舵"(作为决策者)与"划桨"(作为执行者)之间的角色分离远未实现。现阶段,我国社会中介组织开始积极参与市场监管,但力量还很微弱。社会中介组织,如各行业自律协会以及社会仲裁组织、第三方审计评价组织等的权力和权威性远远不够,作用远未能发挥。虽然自上而下的单一监管体制有很多优势,但由于监管结构单一,所以行政成本居高不下,监管的能力大打折扣,监管的盲区依然存在,"监管俘获"也就不可避免。监管成效既无法比较,也就难以评估、量化。

(二)市场监管的方式与手段

从监管方式上看,现有监管模式有被动性、临时性和成效不确定性等几个特点。市场监管不是建立在对市场秩序深层问题的研究分析判断上,不是建立在探索规律,注重长期的计划、规划上,而是针对市场某一领域的突发事件被动采取整治行动,也就难免造成监管的被动性、临时性甚至盲目性,监管行为只能治标而无法治本。况且采取专项整治行动后,没有一个可以量化的市场秩序综合评价指标来衡量市场秩序的好坏,导致工作成绩无法考核、评定,监管成效带有很大的不确定性[①]。很多情况下是"一阵风"过后,违法违纪行为会卷土重来,使监管队伍疲于奔命。从理论上讲,运动式的监管侧重事后管理查处,是以管为主、以防为辅的管理方式,有一定的积极作用,但社会经济生活复杂多变,这种只注重表面性、阶段性的粗放型的监管终会使监管工作漏洞百出、防不胜防。数不清的因监管不力而造成的市场恶性事件的发生甚至公众信任危机的出现已经对此给出了证明。在中国目前的法制环境下,监管的目的应该是以"防"为主而不是"管"字当头,要防患于未然。当前全程监管、有效监管等科学监管新理念的提出是对监管理念的重新审视,但需要更深入地研究和完善,要发展出可操可控的原则和方法,不能停留于口号阶段,不能停留于

---

① 申庆三. 工商部门市场监管模式转型路径的思考 [J]. 中国工商管理研究,2007 (10).

表面形式。

(三) 市场监管的队伍与能力

经过多年的发展，我国工商行政管理市场监管队伍不断壮大，素质不断提高，执法也越来越规范，在众多行政管理队伍中树立了依法行政、为民行政的典范，成为维护市场秩序的坚强卫士和促进改革发展的重要力量。但这并不意味着市场监管队伍素质、能力已经完全就能够适应新形势，应对新挑战。监管队伍对于现代监管的理念、目的、任务、职责是否真正地了解？对于现代经营模式和市场经营环境是否有深入的了解和研究？对于现代物资流通的管理知识是否真正掌握？对新兴的电子商务技术和高技术含量的交易手段是否有管理的能力？对于直接间接涉及人民生命安全的食品、药品、饮品、农资、化肥等专业领域的监管知识是否具备？对于新兴的各种经济形式和多元的市场主体如何了解动向，防范违法违纪行为？对于经济发展形势和市场经营可能出现的问题趋向能否有宏观的把握？这些问题对市场监管队伍素质和监管能力提出了新的要求。如果从这些方面去衡量我们目前的监管队伍和监管能力，笔者认为只能说我们有一支庞大（全国拥有40万工商管理监管从业人员）的、基本素质较好的监管大军，而不能说拥有一支精干的、专业化的监管队伍。市场监管的工作绝不是一罚了事，而是要定规则、定制度、定标准，要让合法经营者更好地生存。市场监管队伍和监管能力建设还有很大的提升空间。职业化、专业化、信息化应该是市场监管队伍建设和监管能力建设的新的发展方向。

(四) 市场监管的任务与环境

市场监管的对象是企业、行业和单个商品市场及其相关的经营活动。企业的生产、经营，产品的定价、交易、流通，消费者权益的保护等各个环节不仅需要市场自发的力量进行调节，同时也需要外部力量的介入，以确立和维护正常的市场秩序。然而，市场监管的对象看似明确，实则不清晰。现实的社会经济生活复杂多样，涉及市场活动的要素众多，这就使监管的任务极其庞杂。仅狭义的市场监管就包括各类企业的登记注册、持证经营，食品安全监管，注册商标专用权保护，广告监管执法，服务消费监管，打击传销、规范直销，实施诚信体系建设，规范经营管理，反垄断与反不正当竞争，等等。从各种工商行政管理部门的总结、报告来看，其例行工作多达20项左右，成百上千个行业，成千上万个市场要素，两两相乘使工作任务相当繁重。要完成市场监管的这些任务，需要良好的监管环境。但现实生活中，行政部门的条块分割、职能交叉以及地方、行业的保护主义等，使市场监管的环境极其复杂，监管任务很难实现。再有，我国的法治环境有待改善，"规制俘获"的现象时有发生，如何建立良好的市场监管环境仍然是一个不容回避的问题。

基于上述认识与思考，现有的市场监管主体、职能、方式、队伍、能力已很难适应新的市场环境和多样性、动态性的市场活动，传统的以政府部门为主体、带有强烈政府思维的单一市场监管模式与做法与新形势、新技术、新环境已不相适应。解决行政成本高、监管能力弱、监管存在盲区、监管部门"被俘获"等问题，亟须监管模式的重大变革。

四、多元共治的理论分析框架

公共治理理论是在西方福利国家出现财政危机、官僚科层制管理危机、政府信任危机以及公民社会不断发展、公众更多地参与公共事务的背景下出现的一种新型公共管理理论。治理的概念来源于 governance 一词，由于这一概念被广泛应用于社会科学的众多领域，因此，到目前为止，对于治理一词的理解具有很大的模糊性，以至于治理理论也并没有一个统一的范畴和统一的理论框架。人们在不同的语境下对其往往有不同的理解。例如，在经济学和经营学的语境下，它常常被用来指企业管理中的指导、控制和监督企业运行的组织体制，如公司治理结构。在公共管理和公共政策的语境中，对"治理"一词也存在着不同的理解。作为公共管理的治理，它指的是将市场机制和私人部门管理手段引入政府部门的管理活动；

作为善治的治理，它指的是强调效率、法治、责任、互信、平等的公共管理体系；作为社会控制体系的治理，它指的是政府与民间、公共部门与私人部门之间的合作与互动；作为自组织网络的治理，它指的是建立在信任和互利基础上的社会协调网络[1]。虽然对治理概念的理解有所不同，但随着经济的进一步全球化和信息化技术的不断发展，人们交流的范围和规模不断扩大，更多的行为者卷入了不同层次的经济和社会事务中，公共管理主体多元化日益明显，治理概念逐渐被人们接受并得到广泛运用。

然而，虽然有关治理理论的多主体性经常被人们谈到，但对于从科层制到多元主体合作与参与的理论框架并没有一个清晰的解释。

荷兰学者库依曼根据社会公共事务的多样、复杂和动态性特征，系统提出了多元共治的理论。他指出，由于当代社会公共事务的多样性、复杂性和动态性以及人们认识的有限性，"在现代社会，任何一个行动者，不论是公共的还是私人的，都没有解决复杂多样、不断变动的问题的知识和信息；没有一个行动者有足够的能力有效地利用所需要的工具；没有一个行为者有充分的行动潜力去单独地主导（一种特定的管理活动）"（Kooiman and Bavinck，2005）。这就是说，传统意义上公共管理的主体——政府，不再是社会公共事务的唯一管理者，公共事务由公共部门与商业组织和民间组织等共同承担。公共管理的主体是多元的、动态的。特别是为了有效地弥补政府功能与市场功能的不足，大量非营利组织的公共服务功能日益凸显，成为公共管理不可或缺的重要主体之一。因此，随着国家、市场、社会之间关系的根本性变化，"治理"，区别于统治，作为管理社会公共事务的新方式与新工具，从理论和实践层面日益得到重视。因此，"回应多样的、动态的和复杂的社会问题需要一种新的模式，它应该包括以前没有包括的伙伴，不仅关注市场，也要关注公民社会，以及各种各样的管理伙伴。因为政府并不是解决社会问题的唯一行为者，除了传统的方法外，需要新的治理方式解决这些问题"[2]。

---

[1] 丁煌. 西方公共行政管理理论精要［M］. 北京：中国人民大学出版社，2005.
[2] KOOIMAN J. Governing as governance［M］. London：SAGE Publications，2003：3.

在治理理论体系中，多元共治作为一种理论形态区别于传统的科层统治和自治式发展的自治理形态，越来越受到重视。在科层治理过程中，控制和掌舵毫无疑问是必要的，但在现代社会，面对复杂多变的社会实践，控制和掌舵的权威显然需要补充新的力量。近年来，这种管制型的统治方式正面临改革：从管制到规制放松，从集权到分权等。对自治理而言，政府可能选择放松规制或者私有化，或者赋予市场商业组织或公民社会自我规制能力。共同治理则既不同于传统的从上到下的科层统治，又不同于独立的单一的自治理，它包含不同的行为主体，政府、商业组织、公民社会都可以参与其中。各行为者之间，控制与被控制的关系被打破，从单一向度的自上而下的统治，转向平等互动、彼此合作、相互协商的多元关系。在这种结构中，更多的参与者不是被迫的，而是主动的；不是命令式的，而是协商的；不是孤立的，而是合作的；不是被阻止的，而是被鼓励的。应当说，面对复杂、多样、动态的社会公共事务，这种多元的、协商的、平等的互动模式符合时代发展要求[①]。多元共治的观点对市场监管中监管主体的变迁与监管模式的探讨提供了新的理论视角。

五、多元共治市场监管格局的建构

基于经济和社会发展的新形势和现代市场活动的新特征，从多元共治的理论视角出发，面对"市场失灵"和"政府失灵"的客观存在，传统的以政府为主体的监管模式亟须改革，而构建"政府主导、行业自律、社会参与、协同共治"的市场监管模式不啻为一种有益的探索和尝试。

首先，政府在市场监管活动中仍然起着不可替代的主导作用。必须承认，"市场失灵"是一种客观存在。市场不能提供产权模糊的公共产品和公共服务，从而达不到资源的合理配置；经济负外部性的存在影响到了价格信号，导致资源配置出现低效率；资源的稀缺性和规模经济的作用，使

---

① 刘智勇. 柔性组织网络建构：基于政府、企业、非营利组织和公民参与的公共服务供给创新模式研究[J]. 公共管理评论, 2008, 6: 165–177.

市场容易由一个或数个卖者垄断，因而排斥充分的竞争；信息不对称导致市场活动出现盲目性，可能损害多数经营者和全体消费者的利益。因此，单靠市场机制调节可能出现诸如收入分配不公、经济波动和宏观经济总量失衡及与此相关的失业和通货膨胀等问题，乃至贫富差距拉大到产生阶级对立、经济危机周期性爆发等问题。因此，市场经济中客观存在的垄断、不完全竞争和市场失效，使政府干预和规制成为一种必然。面对"市场失灵"，政府需要运用社会赋予的公共权力，采取有效的措施，通过系统地组织、协调、监督、指导、查处、控制等管理活动来限制不正当交易，禁止垄断，查处假冒伪劣，维护消费者权益，从而保障市场高效、有序地实现资源合理配置，保护生产者、经营者、消费者等市场参与者的不同利益。从世界许多国家的发展实践来看，政府承担经济调控和市场监管方面的职能在不断增强，起着其他社会主体不可替代的作用。然而，政府的市场监管也存在一定的问题：一方面，政府对市场的各种运行规律和微观市场活动并非全部通晓，市场与政府监督信息不对称天然存在，这就使得政府部门的市场监管认识和能力受到很大的局限；另一方面，被监管者与监管者存在着各自的利益，政府（无论是立法者还是执法者）不可避免地存在着被市场（企业、行业）"俘获"的风险，因此"政府失灵"或"规制失灵"的状况也不同程度地存在着。解决政府与市场信息不对称、监管能力不足、监管存在盲区、监管者"被俘获"的问题，亟须行业的自律和社会的参与。

其次，行业组织的内部自律是维护市场秩序的根本保障。行业组织（包括行业协会、商会、同业公会等）作为政府、市场之外第三部门中的重要力量，是由同行业、同领域的工商企业、个体工商者、其他经济组织和自然人，按照依法自愿的原则组成的自律性、非营利的经济类团体。它是市场经济条件下市场结构的重要组成部分。建立健全的市场体系及市场运行机制，离不开行业组织的参与。大量实践证明，作为市场经济体系中的一种非正式的制度安排，行业组织的内部自律具有解决"政府失灵"和"市场失灵"问题的重要作用。由于对行业内部的技术、质量标准和市场信息状况较之政府有更多的认知优势,行业组织作为行业经济运行的协调者、行业政策规范的建设者、行业企业的服务者和权益保护者、行业企业行为的督导者,既起着引领行业发展、参与市场竞争的导向作用,也发挥着企业维权和加强自身监管的重要作用。充分发挥行业组织的自律作用,能够督促和管理行业内企业沿着健康、良性的轨道发展。因此,政府在制定好宏观市场运行规则的基础上,将市场监管职能更多地让位于行业组织,既能减轻行政负担与成本,又能调动行业自治组织的积极性,弥补监管漏洞,对政府是一举多得的事情。当然,目前我国行业组织市场培育不充分,对政府依附性强、自律性差、社会认同程度低,在实际运作中存在着很多困难,其职能作用发挥与其在市场经济体系中应有的地位不相适应。因此,政府要进一步明确市场经济条件下行业组织的职能定位,重视培育和发展行业组织,为推动行业组织的发展创造良好的社会环境和制度环境。同时,政府对于信誉不高、自律性差的行业组织也应当制定相应的惩戒措施,以使行业组织真正发挥作用。

再次,社会参与是市场监管不可忽视的重要组成部分。社会参与是健全的市场体系不可或缺的一环。媒体监督、第三方评估、市民举报等都可以看作社会参与的重要内容。社会参与的监管形式主要包含两方面内容:一是对市场生产、经营主体(广义上也包括行业组织)的活动进行监督;二是对政府行政执法部门的行为进行监督。各种社会参与的监管形式所具备的功能与作用不同,能够从各个角度对市场活动和政府执法行为进行监督,特别是媒体的监督和社会公众的监督影响较大,将在市场监管体系中发挥独特的作用。如果没有媒体的介入和公众参与,市场监管体系将失去社会基础,也将失去群众的支持和信任;市场不良行为就不可能被及时发现;行业组织就可能失去自我约束;行政执法就有可能失去目标和动力,甚至走向歧途,严重的将损害政府公信力。此外,客观、中立的第三方审计、评价机构的参与和独立仲裁机构的参与也应当受到重视。第三方机构拥有更多的专业和人才优势,独立仲裁机构拥有更多的权威优势,能够对市场经营主体、行业自律组织、政府监管部门的各种行为和监管纠纷进行专业的、权威的调查和评判，从而保证市场运行和市场监管的公平、公正。

最后，协同共治是构建有效市场监管系统的不懈追求。各个市场监管主体都有自身的优势和作用，然而它们各自的力量都较为薄弱，如果各自为政，则不能形成有效的监督系统，监管漏洞将层出不穷，那么，市场监管就只能到处"灭火"，甚至眼看"火起"而无计可施。这里需要指出的是，对于公共管理的多元主体的认识虽然在理论界与实务界逐步形成共识，但仍然存在认识的误区。多数学者和管理者推崇公共事务管理的主体多元化，甚至将其作为一种新的观念和理论大加倡导，实际上，多元主体早已天然地存在于公共事务的管理活动之中，绝非新鲜事物和时髦词句。问题的关键不在于多元主体，而在于各主体之间的地位和关系，尤其是平等、合作、协同互动的关系和环境的营造。单纯地强调主体多元而忽视协同共治无异于缘木求鱼。在市场监管领域，这种认识的误区同样存在，多元主体虽然天然地存在，但并未形成一种协同共治的有效的监管系统，政府行政部门的错位、越位、不到位的现象依然严重，中介力量和行业组织的空间依然存在局限，社会参与的声音依然微弱，多元主体的地位几无平等可言。只有将各种力量结成一体，协商合作，才能发挥出以一当十的作用。只有发挥各主体的优势和作用，实现多元主体的协同合作、共同治理，市场监管才会系统、科学、全方位、无缝隙。这种协同共治的监管系统的建构，需要政府在营造社会参与的环境与制度、改善其他主体的平等地位、加强法制建设和依法行政方面进行新的探索。

六、结语

市场监管工作不是单一政府工商行政管理部门自身的力量所能做好的，"九龙治水"的管理格局早已为市场和社会所诟病，即使是政府多个职能部门整合成一种力量，也会在微观的行政过程中因为分工、责任和利益关系的不同而产生"推诿扯皮"现象。"多元共治"的观点为我们提供了一个很好的公共管理分析框架。政府部门、行业组织、社会力量处于不同的环境，具有各自的优势，很少有利益冲突和责任压力，有共同的社会目标，更易形成有效的社会合力进行市场监管，因此，建构"政府主导、行业自律、社会参与、协同共治"的市场监管新格局，发挥各主体的优势和作用，促进各市场监管主体协同共治，应当是市场监管模式改革的不懈追求。建立这样一种新的监管格局，需要一定的社会条件，包括：要培育、指导社会中介组织快速成长，要有良好的激励机制以解决不同社会主体的动力问题，要维护法律、制度的刚性，要有透明的社会监督和问责机制，要成立专门的协调议事的权威机构，等等。只有满足这些条件，各行为主体的平等合作与协同共治才有可能，才有保障。

工商工作社会化刍议*

【摘要】 在"让市场成为资源配置的决定性力量"的新的改革形势下,政府部门在管理理念、方法、手段等诸多方面与经济社会发展不相适应,不能及时应对和有效解决出现的新矛盾、新问题。工商行政管理部门在现有的资源条件下,继续推行问题针对型的管理方式和服务方式也已无法有效满足经济和社会发展的需要,必须转变思想理念,创新方式和方法,聚合社会资源,推进共同治理,提升监管服务效能,适应社会需求。文章认为:工商部门必须打破传统的管理格局,紧紧依靠和依托辖区的政府部门,有效利用各职能部门资源,充分整合社会力量,发挥多元主体的力量,创新工作方法,探索多方合作的新平台。文章总结了相关经验并对此提出了具体建议。

一、深刻理解和认识工商工作社会化

如何积极参与社会管理创新,推进工商工作社会化,是当前工商行政管理部门需要解决的一个重要理论和现实课题,也是工商部门化解矛盾、走出困境、控制风险、提高效能的必经之路[①]。基层工商所是推进工商工

---

* 本文完成于2012年年末,是对工商工作社会化的初步思考,未公开发表。当前,社会共治也逐渐成为市场监管的社会共识。本文记录了工商行政管理工作在社会化方面的探索,有一定的历史意义。

① 左京生,张新.工商管理社会化是提高工商监管效能的必然选择[J].北京工商(内参),2012(4).

作社会化的主要力量，工商所的社会化管理创新，既是落实上级领导部门指示要求的重要工作，也是转变工作职能，对管理创新进行的重要探索，是工商所创新能力的重要体现。因此，做好这项工作意义重大。

（一）工商行政管理社会化的基本逻辑

我国正处于经济社会发展的转型期，各种矛盾和问题凸显，社会经济结构与管理结构正在进行深刻变革。从工商行政管理的角度来看，市场主体日趋多样，交易行为更加复杂，利益驱动下的主体、资源、信息流动更加频繁、快速，由此带来的问题也日益增多；公众的法治意识不断增强，利益诉求更加多元，百姓维权意识更加强烈。这些都给工商管理部门实施市场监管、服务经济发展工作带来了新的问题与挑战。在"让市场成为资源配置的决定性力量"的新的改革形势下，政府部门在管理理念、方法、手段等诸多方面与经济社会发展不相适应，不能及时应对和有效解决出现的新矛盾、新问题。工商行政管理部门在现有的资源条件下，继续推行问题针对型的管理方式和服务方式也已无法有效满足经济和社会发展的需要，必须转变思想理念，创新方式和方法，聚合社会资源，推进共同治理，提升监管服务效能，适应社会需求。目前，无照经营、商品质量差、食品不安全等市场经济领域里的一些突出问题已不仅仅是工商行政和监管领域的单一问题，而是复杂的社会问题。社会问题必须用社会化的方法来解决，因此，社会管理创新为破解工商监管与服务难题和促进工商事业可持续发展提供了科学的理论和有效的方法。打破封闭运行和单一管理，不断创新工作理念和方式、方法，提高工作效能，树立良好政府形象，提高公众满意度，是摆在工商管理部门面前的重要课题。参与社会管理创新，推进工商工作社会化是新形势下首都工商的必然选择。

（二）工商工作社会化的总体要求与基本思路

工商行政管理部门创新社会化管理必须以党中央关于加强和创新社会管理的战略部署和北京市、国家工商总局有关社会管理创新的有关精神为指引，按照"党委领导、政府负责、社会协同、公众参与"的总体要求，以社会化工作理念为指引，以服务社会为先导，以提高监管效能为根本，以建设良好市场生态环境为目标，创新社会化管理工作模式，通过转变理念和方式、方法，积极实践，有序推进，努力构建"专业化监管、社会化服务、多元化治理、常态化协作、协同化执法、多维化评价"的管理体系和工作目标，不断提高服务水平和对市场秩序的控制能力。

上述目标和总体要求的提出，为工商工作社会化提出了很高的要求，如何落实，对基层工商部门提出极大的挑战，因此，工商部门必须打破传统的管理格局，紧紧依靠并依托辖区的政府部门，有效利用各职能部门资源，充分整合社会力量，发挥多元主体的作用，创新工作方法，探索多方合作的新平台，积极摸索工商工作社会化的新模式和新路径。

二、工商所参与社会管理创新的主要任务与方法

工商所是服务与监管的第一线和基层工作的前沿，是工商部门参与社会管理创新最直接的工作触角。工商所作为工商部门的前沿堡垒和直接窗口，承担推进工商管理工作社会化的复杂又艰巨的任务，需要做的事情很多，要在观念、组织、方式、技术手段等多个方面着力，推进工作开展和创新。

（一）转变观念，以社会管理创新为契机，深化改革创新

一是以更加主动的服务意识，切实提高服务效能。按照政府职能转变的要求，努力发挥"经济调节、市场监督、社会管理、公共服务"的作用，牢固树立管理就是服务的理念，实现管理者角色向服务者角色的转换，切实提高服务发展、服务企业、服务社会、服务公众的主动性。转变服务方式，将工作的关注点从末端的处置引导到前端的服务上来，把服务融入监管和执法的全过程，通过服务引导，探索建立一套既有利于市场秩序维护，又有利于企业发展的，制度完善、透明高效、公平公正的工商行

政管理体制，树立良好工商形象。

二是以更加开放的监管思维，实现工商同社会管理的有效对接。要积极地将工商部门的工作融入各级政府的工作体系中，特别是社区工作中。在全面推进社会管理创新工作中强化统筹，破除自我封闭的理念，以更加开放的思维，主动沟通，积极探索工商监管网格与社会管理网格的对接，形成社会广泛参与的网格化监管体系。通过工商部门与市场主体、社会组织、专业机构、新闻媒体、社会公众的有效对接和良性互动，实现监管力量从单一到多元、监管格局从封闭到开放、监管手段从强制到合作、监管方式从单向到互动、监管环节从末端执法向前端风险防范的转变。

三是以更加积极的态度，实现市场秩序的有效治理。以实现监管和执法效能最大化为目标，加强与相关行政执法部门的协调联动，实现部门力量的有机整合，发挥各自优势，在日常监管中形成"一家发现、转告相关、专业履职、综合治理"的工作方法，对高风险问题"先行控制、再分责任"，构建一个以社会服务和管理为共同目标指向、各部门综合履职的社会治理新格局。

（二）着力构建专业化监管体系和服务体系，进一步提高履职效能

建设有机高效的内部工作运行体系，是实现工商行政管理部门参与社会管理创新的基础。工商行政管理部门参与社会管理创新工作不是同现有工作的简单叠加，而是要从法定职责履行出发，积极探索参与社会管理创新的路径和方法，实现履职效能的最大化。根据市局、分局的安排和部署，工商所要认真梳理职责，明确与社会管理创新衔接的项目，完善"1+X"统筹运行机制，整合工作任务，加强系统内部工作的统筹协调，使基层有充足的精力从事日常监管，加大培训力度，全面提升广大干部运用社会化的方式和方法开展工作的能力。

工商所应在坚持网格化监管、分类分级控制、风险防范和巡查检查等有效做法的同时，研究辖区实际，实现同社会管理工作的有效对接，探索

发现问题、控制事态以及服务企业、服务公众的新方法，构建更加稳固的监管防线，不断强化工商所的"前哨"地位。

工商所应加强内部信息共享，提高资源应用效益；建立工商数据应用分析体系和系统应用平台，整合各类信息资源，实现数据口径标准化、分析指标规范化、分析方法科学化、成果发布常态化；应以企业信用数据归集为依据，不断完善信用管理体系，形成各类信息回流于主体名下的信息统筹机制，使网格监管系统更有效用，为领导决策、服务发展、市场监管和重点执法提供强有力的信息服务和决策支撑。

服务社会需求是工商部门参与社会管理创新，形成与社会互动共赢的切入点，要围绕"社会所需、公众所要、工商能为"的思路，认真研究工商部门服务社会需求的着力点；要完善决策机制，在出台与公众利益相关的政策前，广泛征求公众意见，提升决策的民主化、科学化水平，使公众受益于良性决策；不断增加公共服务产品的数量，提升公共服务产品的质量，努力满足社会需求；要把维护广大人民群众的合法权益放在首位，加强食品安全、商品质量宣传和消费教育引导，构建覆盖城乡的消费维权网络，加强食品安全和商品质量监管，治理无照经营，严厉打击传销和不正当竞争、合同欺诈等行为，营造良好的市场环境氛围，服务公众需求和百姓生活。

工商所应主动参与区域经济发展，积极支持区县经济发展战略和产业业态调整规划的实施，提升传统服务业的现代化水平和集约化经营的程度；应围绕企业入驻、重大项目落地、新兴产业发展、科技园区建设，做好提前研究和论证，及时提供政策咨询和支持；综合运用准入、商标、合同等服务职能，有效助推农村经济发展；发挥信息资源优势，对辖区市场主体发展情况进行分析，为区县政府制定区域经济发展决策提供支持。

（三）注重参与式监管，着力构建多元化治理体系，优化监管和执法环境

第一，合理划分网格，实现工商管理网格与社区管理网格的对接。本着"多元参与、共同治理"的理念,聚合社会力量,积极推进工商参与社会管理创新工作。在明晰三级网格职责的基础上,实现工商管理网格与社区网格的对接、工商一线网格责任人与社区居委会的对接、工商所与街道乡镇的相关执法部门的对接。努力寻求并建立工商职能与社区需求的利益共同点和工作的契合点,完善服务群众的载体和方式,发动社区群众、志愿者、驻社区单位以及市场主体积极参与市场监督,及时发现和举报违法行为,反映公众对工商部门的诉求;建立与社区居委会、片区民警、城管监督员及其他协管人员派出单位协调联动的监管机制。

第二,完善工商工作站、楼宇工作站建设,延伸工商监管"触角"和服务"手臂"。切实发挥工商工作站、楼宇工作站联系社区、服务百姓、服务企业的优势,努力打造、培育品牌和精品工作站。实现工商工作站、楼宇工作站与社区工作站的有机融合,与社区建立有效管理、有效服务的工作机制。积极与商业聚集区、商品交易市场、经济发达地区、商务楼宇,以及设立了管委会、市场开办单位、物业服务管理部门等管理主体的地区的管理部门对接,利用社会资源,延伸工商监管"触角"和服务"手臂",努力形成常态化、制度化、标准化的协助监督模式。

第三,完善基层服务平台建设,畅通居民消费维权渠道。按照"标准实用、功能完备"的要求,集服务咨询、宣传教育、投诉维权等功能于一体,完善工商所基层服务平台建设,为辖区提供企业登记咨询、食品安全提示、商品质量常识告知等信息服务,引导公众形成科学、理性的消费观念以及健康、文明的消费方式,提升消费者的自我维权意识。通过建立包括小额消费纠纷快速解决机制、消费纠纷绿色通道、消费纠纷人民调解委员会、消费者权益纠纷调解中心等在内的多元调解体系,从政府鼓励企业自行调解、政府与企业联动调解、政府支持社会组织调解、政府进行行政调解、司法诉前调解等方面,畅通消费纠纷维权渠道,降低消费维权成本。

第四,开放执法空间,积极构建和谐的执法环境。在依法行政、严格执法的同时,不断增强执法的公开性和透明度。积极推进执法办案说理性文书的应用，辨法析理，切实增强工商执法的透明度和说服力，有效预防和化解行政争议。充分利用行政调解、行政指导等手段，积极依靠社区组织和广大居民，对关系居民利益、敏感性较强、处理有难度的问题，进行开放式调解、听证和行政指导的试点，组织社区代表参与相关讨论，依法形成客观公正的处理结果，加强对执法相对人和利益相关人的教育和引导，构建社区自管自治、互动和谐的执法环境。

第五，强化企业信用监管，营造诚实守信的市场环境。深入推进企业信用监管的长效机制建设，建立多方参与的企业信用管理格局。加强行业监管部门间的企业信用信息交换与应用，实现政府部门间的联动监管和联合惩戒。提供方便查询的企业信用信息服务，满足企业和公众的信息需求，扩大企业信用的社会惩戒效果。发挥信用服务机构的作用，推动企业信用的社会化应用。支持商会、协会制定信用自律规则，开展信用记录、评价等工作，促进行业诚信。加大宣传教育力度，引导社会形成诚实守信的市场环境，加大对警示信用信息的公示力度，形成对失信企业的社会惩戒和谴责的氛围。倡导企业开展信用文化建设，指导企业学习先进的企业信用管理经验，参与各种诚信经营活动，树立良好的企业信用形象。

第六，加强与公众的沟通互动，营造良好的社会环境。公众是社会活动的参与者，也是工商工作社会化的服务对象。在新型的社会管理服务的格局下，工商部门与公众的沟通和互动非常重要，在推进工商工作社会化进程中，要注意运用各种沟通手段，与广大群众建立起相互理解、信任、合作的和谐关系。在工作理念上，要强化全员的公关意识和群众工作意识。在工作方法上，要善于通过官方网站、官方微博、各级工商部门的对外办公场所、工商工作站、咨询举报电话、领导信箱和领导接待日加强与公众的互动；运用工商工作"六进"、巡查及执法办案、法律宣传和培训等方式，扩大工商部门的知名度和影响力；通过举办开放日、听证会以及参观和体验活动，争取公众的理解和支持。通过与公众建立良性的沟通与互动关系，促进工商部门不断提高公共服务水平，提高监管效能，为工商部门的执法工作营造积极的社会环境。

管理创新与工商所长创新能力提升的理论思考与路径[*]

【摘要】 运用创新的原理和方法,提高执法效能、改善公共服务,是基层工商所的重要任务,也是工商所长创新能力的重要体现。工商所长管理创新面临诸多困难,但也存在很多新的机遇。工商所长管理创新可以按照三条路径展开:一是按照管理创新的基本范畴来系统梳理创新工作,寻求整体突破;二是围绕上级要求和重点工作开展创新活动,增强针对性和回应性;三是就某一个方面常抓不懈,纵向挖掘,横向拓展,开展有特色的创新活动。在创新活动中,工商所长要善于剖析、思考他人的成功经验,总结发展规律,跳出简单学习的层面;要结合自身的实际,大胆实践,进入创新、创造的层面,发现、找到自身的优势与特色,不断提升创新能力。

一、创新与管理创新概述

(一) 创新的概念与意义

创新是指人们为了发展的需要,运用已知的信息,不断突破常规,发现或产生某种新颖、独特并有社会价值或个人价值的新事物、新思想的活

---

[*] 本文完成于2012年,初为工商所长干部培训所写,部分内容已发表。虽然现在市场监管部门已全面改革,但基层创新仍然是一个历久弥新、亟待加强的话题,文章内容对当下的基层监管创新仍有重要意义。

动。该词起源于拉丁语，包含三层基本含义：更新；创造新的东西；改变。换句话说，创新是以新思维、新发明和新描述为特征的一种实践过程。它是人类特有的认识能力和实践能力，是人类主观能动性的高级表现形式。

创新的意义在于它改善了人类的生存环境，推动了科技和文明进步，改善了人们的工作、生活质量，提高了工作效率，巩固和提高了竞争能力，对人类社会文明、技术发展、经济发展产生着巨大影响。近代以来人类文明进步所取得的丰硕成果，主要得益于科学发现、技术创新和工程技术的不断进步，得益于科学技术应用于生产实践中形成的先进生产力，得益于近代启蒙运动所带来的人们思想观念的巨大解放。可以这样说，人类社会从低级到高级、从简单到复杂、从原始到现代的进化历程，就是一个不断创新的过程。不同民族发展的速度有快有慢，发展的阶段有先有后，发展的水平有高有低，究其原因，主要在于民族创新能力有大有小，创新成为推动民族进步和社会发展的不竭动力。

创新，从宏观层面讲，是为满足人类生存与发展的客观需要，深化了人类对客观世界的认知；从微观层面来讲，是效率和竞争的需要，提高了人类对客观世界的驾驭能力。创新的关键就是改变，向新的方向、有效的方面进行量和质的变化。

（二）创新内涵和外延的发展

随着现代科学技术的发展，创新的概念日益得到重视。如今，"创新"这一概念扩展到了社会的诸多领域。创新的内涵和外延也得以大大扩展，许多新的领域和术语被创造和发展出来，包括技术创新、理论创新、制度创新、方法创新、管理创新、教育创新等。

经济学家熊彼特较早对创新的概念进行系统阐释。1912年，熊彼特在其著作《经济发展概论》中提出，创新是指把一种新的生产要素与生产条件的"新结合"引入生产体系。它包括这样几种情况：引入一种新产品，引入一种新的生产方法，开辟一个新的市场，获得原材料或半成品的一种新的供应来源。熊彼特的创新概念包含的范围很广，如涉及技术性变化的创新及非技术性变化的组织创新等。到20世纪60年代，新技术革命迅猛发展。美国经济学家华尔特·罗斯托提出了"起飞"六阶段理论，将"创新"发展为"技术创新"，把"技术创新"提高到"创新"的主导地位。从20世纪七八十年代开始，有关创新的研究进一步深入，开始形成系统的理论。

著名学者弗里曼把创新对象基本上限定为规范化的重要创新。他从经济学的角度考虑创新。他认为，技术创新在经济学上的意义只是包括新产品、新过程、新系统和新装备等形式在内的技术向商业化实现的首次转化。他在1973年发表的《工业创新中的成功与失败研究》一文中认为，"技术创新是一技术的、工艺的和商业化的全过程，其导致新产品的市场实现和新技术工艺与装备的商业化应用"。其后，他在1982年出版的《工业创新经济学》（修订本）一书中明确指出，技术创新就是指新产品、新过程、新系统和新服务的首次商业性转化。

20世纪80年代以来我国开展了创新方面的研究，这些研究更多地在科技和经济领域进行。傅家骥先生对技术创新的定义是：企业家抓住市场的潜在盈利机会，以获取商业利益为目标，重新组织生产条件和要素，建立起效能更强、效率更高和费用更低的生产经营方法，从而推出新的产品、新的生产（工艺）方法、开辟新的市场，获得新的原材料或半成品供给来源或建立企业新的组织，它包括科技、组织、商业和金融等一系列活动的综合过程。彭玉冰、白国红也从企业的角度为技术创新下了定义：企业技术创新是企业家对生产要素、生产条件、生产组织进行重新组合，以建立效能更好、效率更高的新生产体系，获得更大利润的过程。何道谊认为，事物创新—仿复模型具有普遍适用性，在这一模型下生产力由学习能力、创新能力和仿复能力决定，生产力公式为：生产力 =（学习能力 + 创新能力）× 仿复能力。仿复能力是指仿照一定的模式进行复制、复做的能力，如企业的年生产能力、年服务接待人次能力。他在《技术创新、商业创新、企业创新与全方面创新》一文中提出并论述了全方面创新和大研发概念。企业全方面创新分为这样几种：构成企业有机体的软系统的创新，包括战略创新、模式创新、流程创新、标准创新、观念创新、风气创新、结构创新、制度创新；作为企业不可或缺的基本要素的硬系统的创新，即人、财、物、技术、信息及其相关体系和管理的创新，如职责体系、权力体系、绩效评估体系、利益报酬体系、沟通体系的创新；通用管理职能的创新，包括目标、计划、实行、反馈、控制、调整六个基本的过程管理职能的创新和人力、组织、领导三个基本的对人管理职能的创新；企业业务职能的创新，如技术、设计、生产、采购、物流、营销、销售、人力、财务等专业业务职能的创新。科技的普遍适用性、连续进步的显著性和发展的长期累积性，使得科技创新成为推动人类进步的根本性驱动力。

前文所述多从企业的角度出发，关注的是市场活动中创新的动力机制等问题。尽管经济学者有其自身的研究局限，但他们的研究对于创新内涵和外延的发展做出了积极贡献。

实际上，人类所做的一切工作都存在创新，创新遍布人类生产生活的方方面面，如观念、知识、技术的创新，政治、经济、商业、艺术的创新，工作、生活、学习、娱乐等领域的创新，创新不仅仅是技术领域的事情，尽管技术创新对人类的生产生活有决定性意义。著名管理大师德鲁克在20世纪50年代第一次把创新引进管理领域，于是有了管理创新。他认为，创新就是赋予资源以新的创造财富能力的行为，包括管理理论、管理体制、管理机制、管理制度、管理方法的创新等。

管理创新是指基于新的管理思想、管理原则和管理方法，改变企业的管理流程、业务运作流程和组织形式。企业的管理流程主要包括战略规划、资本预算、项目管理、绩效评估、内部沟通、知识管理。通过管理创新，企业可以解决管理问题，降低成本和费用，提高效率，增加客户满意度和忠诚度。企业管理的经验十分值得公共部门学习，特别是随着西方发达国家新公共管理改革的推进，私营部门的管理理念和管理技术在公共部门中得到广泛运用，改革取得了巨大成果，企业管理中的顾客导向、结果导向、流程再造、成本控制、目标管理、全面质量管理、精细管理、绩效管理等改革经验和管理理念、制度、方法都值得我国政府部门和公共组织研究借鉴。

（三）创新的原则

近年来研究者们对于创新的研究和探索日益增多，总结和归纳了很多创新的原则，科技和经济领域的很多原则在管理领域也同样适用，对于基层的行政执法人员也有启发，这里简要列举一些，供大家借鉴和思考。

1. 科学原理原则

创新必须遵循科学技术原理，不得有违科学发展规律，因为任何违背科学技术原理的创新都是不能获得成功的。这就要在前人研究的基础上，不断试验和进行可行性验证，以求得新的突破。

2. 市场评价原则

创新设想要获得最后的成果，必须经受市场的严峻考验。创新实现商品化和市场化要遵循市场评价的原则，要考察创新对象的商品化和市场化的发展前景，考察该创新较原有商品的使用价值和性价比。爱迪生曾说："我不打算发明任何卖不出去的东西，因为不能卖出去的东西都没有达到成功的顶点。能销售出去就证明了它的实用性，而实用性就是成功。"

3. 相对较优原则

创新不可盲目追求最优、最佳、最先进。一项创新不可能十全十美，这就需要人们按相对较优的原则，对设想进行判断选择。看是不是在技术上、经济上、效率上、效果上比较优秀和先进，只要有进步，就可以尝试并逐步完善。

4. 机理简单原则

创新机理越简单、理解越容易、操作越便捷，效果就越好。"傻瓜式"电子产品和"全自动"机器广受欢迎就是这个道理。

5. 构思独特原则

创新贵在独特，创新需要另辟蹊径，以满足人们的求新心理，消除审美疲劳。因此，构思新颖或方法独到，有新意、有开创性、有特色，最受欢迎。

6. 不轻易否定、不简单比较原则

不轻易否定、不简单比较原则是指在分析评判各种创新方案时应注意避免轻易否定的倾向。在飞机发明之前，科学界曾从"理论"上进行了否定的论证；过去也曾有权威人士断言，无线电波不可能沿着地球曲面传播，无法成为通信手段。显然，这些结论都是错误的。这些不恰当的否定之所以出现，是由于人们运用了错误的"理论"，而更多的不应该出现的错误否定，则缘于人们的主观武断，即给某项发明、创新规定若干用常规思维分析证明无法达到的结果。在避免轻易否定倾向的同时，还要注意不要随意在两个事物之间进行简单比较。不同的创新，包括非常相近的创新，原则上不能以简单的方式比较优势。简单的否定与批评是容易的，难得的是保护那些闪烁着希望的创新构想。

以上是在创新活动中要注意并切实遵循的创新的原则，是根据千百年来人类创新活动成功的经验和失败的教训提炼出来的，是创新智慧和方法的结晶，体现了创新的规律和性质。

二、基层工商所长与管理创新

前英国首相撒切尔夫人在推进英国的政府改革时曾说：这个世界正经历着剧烈的变化，而唯一不变的就是变革。变革和创新可以说存在于社会的各个领域和各个层级。就行政管理而言，改革开放以后，我国经历了7次行政体制改革，无论是中央还是地方，无论是高层领导还是基层公务员，始终处于改革和变革的大潮当中。党的十八大以来，市场化改革的力度进一步加大，特别是行政审批制度改革、商事登记制度改革大力推进，工商行政管理部门站在了行政改革的前沿，创新成为推进改革的有力工具。如何适应新的改革形势，推进改革进程，做好本职工作，成为摆在每一位工商管理干部面前的重要任务。运用创新的原理和方法，适应形势，梳理制度，完善流程，提高效率，改善服务，是基层工商所的重要任务，也是工商所长创新能力的重要体现。

（一）工商所长管理创新的现实环境和条件

作为基层领导，工商所长既要视野开阔，目光高远，又要脚踏实地，着眼现实，这对工商所长的管理创新是一个很大的挑战。在"尊重基层首创精神，鼓励基层创新创优"的形势下，工商所长要充分了解国家和本部门的相关政策和发展方向，同时也要摸清摸透本地区、本部门、本单位的现实情况，审时度势，改革创新，既能给上级领导和部门管理决策提出新的建议和参考，也能就本部门、本层级的管理创新提出思路和切实可行的方案。工商所长要立足本职，根据本所所处的现实环境和条件提出适合本单位的创新理念和做法，建设规范化、学习型、创新型、服务型组织。

在当前情况下，工商所面临的现实环境比较复杂，工作的资源条件仍有待改善。一是面临新的改革形势。工商部门处于调整和改革的摸索阶段，基层同志思想和认识尚未完全统一，改革的方向明确，但制度、政策和方法尚不完善，传统的思路和做法有很多不适用之处，改革创新的任务还很艰巨。二是新的商事登记制度改革后，监管环境和监管方式都面临着较大的转变，形势将更加复杂但要求不会放松，工作难度加大。三是监管环境和执法客体复杂、动态、私密，违法技术手段高超，深层次问题不易发现，新问题层出，监管任务繁重，行政执法风险加剧。四是工商所的工作人员年龄偏高、学历水平偏低，晋升通道偏窄，激励资源严重不足。五是体制机制改革相对固化，执法的专业力量和专业技术不足，物质条件尚需改善。现实问题制约着工商所创新的力度和高度。对这些现实环境和条件，工商所长必须有清醒的认识。尽管困难重重，但工商所长绝不应无所作为，新的形势和新的变化也提供了新的机遇，只要有追求、有思考、有行动、有尝试，仍有广阔的创新空间。

（二）工商所长管理创新的基本要求

在工商所长无力改变现有管理体制、晋升激励机制、考核机制等环境条件和资源条件的情况下，工商所长谈创新似乎为时尚早，这也是对工商所长素质和能力的一种考验。消极等待和无所作为没有出路。这要求工商所长不仅自身要加强学习、提高认识、努力寻找契机，同时要激发团队创造热情，发挥集体智慧，集思广益，鼓励尝试，建设学习型、创新型组织。

学习是创新的基础。工商所长和工作人员要善于学习,不断学习。学习是方方面面的。一要学习业务。既要学习上级部门的政策文件,又要学习法律法规、相关制度,熟悉政策和执法依据。二要学习理论。要了解经济形势,熟悉经济学理论,能研判经济动态和趋势;要学习管理理论,用新的管理理念和技术方法指导工作;要学习心理学,掌握管理心理学、社会心理学常识,了解经营者心理和消费者心理;要学习法学、社会学、行政学、计算机、信息管理等多学科知识,改善知识结构和认识水平。三要加强实践学习。要亲临一线,执法办案,熟悉市场,熟悉管理流程,要善于发现,善于总结。四要加强对外交流。要走出去、请进来,创造和寻找机会,主动开阔视野,学习相关部门经验。总之,学习内容丰富多彩,学习途径多种多样,良好的学习氛围将为创新打下一个坚实的基础。

思考是创新的源泉。学而不思则罔,思而不学则殆。学习的同时,要勤于思考,善于总结,把学到的知识与实际工作结合起来,才能有所突破和创新。有了初步的想法和好的思路之后,还要多问几个为什么,考虑可行性和重点、难点,要细化,尽可能考虑周全,形成相对成熟的方案,以备实施。

行动是创新的必经之路,"纸上得来终觉浅,绝知此事要躬行"。有了方案,想法还不够,还要与实践相结合,争取条件,付诸行动,不断探索和尝试。不要怕困难,怕出错,在可控的范围内要大胆地闯,大胆地试。

群策群力是创新的一大法宝。一个人的力量是有限的,"众人拾柴火焰高"。创新要注重群众力量的发挥,走群众路线,尊重群众的首创精神。要从大处着眼,小处着手,不轻易否定,不简单比较,鼓励大家创新的热情和积极性,这样长期坚持,日积月累,传统的东西就会有所突破,有所创新。

(三)工商所长管理创新的主要着力点

创新的原理理解起来容易,实践起来困难,正所谓知易行难。创新的领域方方面面，从何处着手，是摆在工商所长面前的难题，不但要考虑创造创新的环境和条件，还要找好创新的着力点。

按照管理创新的基本范畴来梳理创新工作是基层创新的一个渠道。管理创新的因素包括管理理念、体制、机制、制度、方法、流程等。工商所长要在管理创新的这些要素上下功夫。监管、执法、服务、发展等管理理念是适应服务型政府建设的发展趋势的，但基层工商所在这些方面，很难有所突破。同时，体制机制相对固定，调整难度较大，需要和大环境的变化相适应。可以尝试采用一些柔性的、灵活的、临时的组织形式和运行机制，在不触动基本体制框架的前提下，结合工作需要，适度发挥自主性、灵活性和创新性。在具体的工作制度、工作方法和工作流程方面，也可以根据本所实际和社会发展形势，做适度调整和补充完善，从而提高工作效率。例如，进行战略规划、成本预算、项目管理、绩效评估、内部沟通、知识管理等，都是工作创新的重要体现。近些年来，基层工商所在工作流程改进创新方面成绩突出，如进行痕迹管理、危机应对、信息管理、节点管理、网上办公等。

根据上级部门的工作要求与重点任务来推进创新也是基层创新的重要突破口。服务创新、监管创新、学习型组织建设、工商效能提高、社会化管理创新等都是近几年工商行政管理部门改革的重点和趋势。围绕中心和重点工作开展创新是工商所工作的应有之义，这样更能抓住重点、贴近实际，但这对工商所长的知识储备、分析和创新能力是一种巨大的考验。这就需要工商所长和所内同志认真研究上级指示与精神，深入理解服务的内涵、逻辑，监管的外延、方法，工商所的组织追求、文化建设，工商效能的评估框架和激励约束条件，社会化创新的本质、手段和工具，等等。如果缺乏对这些基本内容的深刻思考和准确把握，那么创新难度是相当大的。工商所长需要不断地学习，不断丰富和充实自己，走出去、多交流，锻炼团队；要善于学习别人的成功经验，总结发展规律，结合自身的实际，进入创新创造的层面，发现、找到自身的优势与特色，摸索出一条新路。

纵向挖掘、横向拓展是工商基层创新的重要途径。"冰冻三尺非一日之寒",能够成为经验推广的,多是长期积累的产物。优秀的学习型组织建设,网格化管理的推进和普及,都是经过不断地摸索、总结、积累而获得成功的。作为工商行政管理的基层单位,工商所最接近市场,最了解市场主体及客体的需求,信息反应最敏捷,这是工作创新的优势;层级低,影响小,离上级决策圈远,即使工作有创造性,也不易被领导发现,这是其不利方面。要想扬长避短,还需要扎扎实实地工作,在组织创新、制度创新、文化创新、流程创新、概念创新、技术创新、工具创新等方面,不断调整完善,深入挖掘,多设试点,适度宣传、推广,长期积累下来,创新工作就会卓有成效。北京市东城区的网格化管理、幸福大街工商工作站的社会力量整合、燕山工商分局设工商工作联络站等做法都是经过多年的积累形成的好经验,给了我们很好的启示。

"新常态"下工商行政管理干部队伍建设研究

——基于G省区的调查分析*

【摘要】工商行政管理管理部门如何认识"新常态",适应"新常态"?如何从观念上适应、认识上到位、能力上提高、方法上改进?找准自身定位,更好地发挥市场监管、行政执法职能,是摆在工商行政管理部门各级领导干部和基层干部队伍面前的重要课题。为更好地适应当前改革的新情况、新要求,落实好国家工商总局关于加强队伍建设的总部署,文章结合G省区工商行政管理部门干部队伍建设实际,开展了大量的调研访谈。文章分析存在的问题,总结以往好的经验和做法,为深入推进改革创新,加强工商系统干部队伍建设提出了建议和对策。

一、"新常态"与工商行政管理改革新形势

(一)理解"新常态"

认识"新常态",适应"新常态",引领"新常态",是当前和今后一段时期中国经济发展的大逻辑。2014年5月,习近平总书记考察河南时指出,我国发展仍处于重要战略机遇期,我们要增强信心,从当前我国经济

---

* 本文完成于2016年10月。课题组成员张国山、潘娜和钟月明参与了大量调研工作,相关部门给予了诸多支持与便利,对本文顺利完成做出了很大贡献。新形势下,市场监管队伍仍然存在着观念、角色、行为的不适应性,这些问题如何解决,仍有待做进一步的总结和探索。

发展的阶段性特征出发，适应新常态，保持战略上的平常心态①。2014年7月，在与党外人士的座谈会上，习近平重申了上述观点。在同年11月的亚太经合组织工商领导人峰会上，习近平指出了"新常态"的三大特征，概括起来就是：速度变化、结构优化、动力转化。此后，在中央经济工作会议等多个重要会议上，习近平对"新常态"进行了系统阐述，中央媒体和权威人士也对此做了深入解读。

"新常态"高度概括和反映了当下我国经济和政治生活的基本状态和新的变化，反映出我国经济在经历几十年的快速增长之后，经济发展的基本模式、发展速度、产业结构以及增长动力都已经今非昔比。中国经济基本面不仅发生了量的巨变，更是发生了质的飞跃，继续用过去的眼光看待中国经济，继续用过去的思维思考中国经济现状与未来，既不科学也不客观准确。在这种宏观经济发展和依法治国的大逻辑、大背景下，决策层以"新常态"来概括当下的中国经济发展变化，并以之透视中国宏观政策的未来选择，是站在新的历史高度和因应形势变化而进行的，具有战略意义。

"新常态"不仅是经济转型的过程，同时也是我国政治、社会改革风险释放的过程，如果不主动积极作为，就会使经济增速大幅放缓，社会发展停滞不前，甚至会掉进"中等收入陷阱"。而能不能适应"新常态"，能不能让"新常态"逐渐走向成熟，关键就在于能否解决全面深化改革的力度、速度、结构和动力问题。当前，为适应经济转型和可持续发展，在政府职能和管理层面也进行着一系列改革。行政审批事项取消和下放，在基础设施等领域推出了多个鼓励社会资本进入的示范项目。收入分配制度改革、公车改革、户籍制度改革正大力推进，国有企业改革重大试点启动。权力清单梳理，多规合一有序推出。诸如此类，均是"新常态"下"新"的形势。

当然，"新常态"往往也伴随着新矛盾、新问题、新挑战，比如房地

---

① 深化改革发挥优势创新思路统筹兼顾　确保经济持续健康发展社会和谐稳定[N]. 人民日报, 2014-05-11.

产的"去泡沫""去库存",地方债务、股市房市的"去杠杆",产能过剩"挤水分",等等,都是对早先累积的失衡因素和矛盾的调整和化解。除此之外,还存在一些干部和行政官员的"为官不为",依法行政也同样面临各种疑难问题。

我国要全面深化改革,就要激发市场蕴藏的活力,就要为创新拓宽道路,就要推进高水平对外开放,就要增进人民福祉,促进社会公平正义。伴随改革和实践的发展,"新常态"也逐渐具有超出经济范畴的、更加全面深刻的内涵。

(二)"新常态"下的工商行政管理改革

在"新常态"的经济形势和改革形势下,工商行政管理部门如何适应,从哪里入手,改革的关键是什么,如何有所作为,是摆在每个工商行政管理干部面前的重要课题。"新常态"下的工商行政管理改革,同样面临着改革速度、改革结构和改革动力等方面的问题。党的十八大以来,全国工商行政管理系统面临着职能转变和体制调整的重大变革,主要表现为:一是原有工商行政管理工作在全国层面开展,流通环节食品安全监管职能划转至食药部门;二是在全国范围内推动商事制度改革;三是在全国大部分省区市,省以下工商行政体制由垂直管理改为分级管理;四是部分地方开展了综合执法改革;五是积极构建以"法治工商""信用监管"为核心的新的监管体系。改革的不断叠加,体现出工商系统改革的危机感、紧迫性和重要性。这些新形势、新变化是工商行政管理部门认识"新常态"、适应"新常态"和引领"新常态"的必然要求和必然选择,给工商行政管理工作带来巨大挑战,同时也带来了难得的发展机遇。在全国工商行政管理系统改革的大形势下,G省区工商行政管理部门也必须围绕改革、发展、稳定的大局,深入分析和认识"新常态"的政治、经济背景对本地区本部门工作的影响,以及带来的挑战和机遇,加快推动职能转变,按照中央、国务院和上级部门的要求,以"放、管、服"为抓手,推动"放开",做好"管住",打好"放、管、服"的组合拳。这就需要大力进行改革创新，抓好监管服务，以创新精神和法治思维，大力推进机构调整、商事制度改革、信用监管改革，在适应分级体制属地管理形势、维护市场竞争秩序、保护消费者合法权益、推动监管工作信息化等方面做出不懈努力。

二、"新常态"下工商行政管理干部队伍面临的机遇与挑战

（一）新形势带来的机遇

调研发现：G省区工商系统按照国务院和工商总局部署，努力调整结构，进一步理顺职能关系，把商事制度改革作为促进政府职能转变的"突破口"，从工商登记便利化入手，强调做好事中、事后监管，在"放、管、服"上实施一系列改革并初见成效。在广大干部同志的努力下，到2016年年中，G省区工商局取消、下放、转移、整合、暂不执行权力事项305项，精简比例为41.38%，为市场主体准入创造了宽松条件。G省区工商系统认真落实企业"五证合一、一照一码"的改革任务，加快推进个体户营业执照和税务登记证整合，搭建全程电子化登记服务平台，初步实现网上申请、受理、审核、公示、发照、保存登记等功能；加强事中、事后监管，做好企业信息公示，努力营造诚实守信的信用环境。同时，G省区工商系统在2年左右的时间内，基本建成了互联网+市场监管指挥中心，建成12315指挥中心、市场监管"天眼"指挥中心等"两中心"，建成网络交易监管平台、市场主体信用信息公示平台等"两平台"，推进互联网和监管执法的深度融合；服务大众创业，大力扶持小微企业发展；优化市场主体年报工作流程，有效提高了市场主体年报率，为"管好"和"服务优化"创造了条件。

1. 充分激发市场和社会活力，促进市场主体发展

"放、管、服"的根本就是要激发市场活力和社会活力。商事制度改革与创新创业政策的叠加效应，极大地激发了大众创业、万众创新的热

情,促进了经济社会发展。从全国的情况看,由于市场准入条件放松,2014年以后,全国多地一度出现市场主体登记注册的"井喷"现象,新登记注册市场主体几乎达到每天1万户,社会投资热情高涨,大量的企业和个体私营小微经营者出现,促进形成就业的良好态势。从G省区的数据看,2016年上半年全区新登记市场主体20万户,平均每天有1 100多个市场主体诞生,企业出生率持续提高。截至2016年6月底,全区实有各类企业55.1万户,比上年同期增长30.4%;新增地税登记企业5.57万户,缴纳地方税收2.03亿元,同比分别增长29.5%和0.8%;新增国税登记企业7.77万户,缴纳国税额7.95亿元,取消、下放、转移、整合、暂不执行权力事项精简比例为41.4%,为激活市场提供了动力。

2. 顺应形势调整机构,理顺市场监管职能

顺应形势发展,根据国务院部署,工商部门负责的流通环节食品安全监管等职能划转至食药部门,工商系统进行了较大幅度的机构调整和人员分流。机构的调整,符合政府职能转变的大势,使各职能部门业务更为专业,效率更高。调整后食品安全监管职能得到进一步理顺,执法针对性增强,监管更加协调统一,有效解决了"多头执法、相互推诿"等市场监管重点、难点问题,使有限的执法力量能够集中于市场主体登记准入、证照审查、企业信息公示、消费者权益保护等保障市场秩序的工作,对于理顺市场监管职能、突出工作重点、促进政府职能转变具有重要意义。

3. 顺利完成属地管理,获得地方政府支持,增强地方归属感和部门协同能力

适应"新常态"要充分结合本地区本部门实际,根据各地不同情况调整管理体制、管理机制,充分为地方政府经济社会发展保驾护航。G省区工商部门进行过长达16年的垂直管理,在一定程度上保证了工商队伍的独立性、专业性和整体性,但同时也造成部分工商干部局限于"部门思维"的门户之见,思维封闭僵化,不能从政府层面,从整体治理和可持续发展层面来正确认识和看待政府工作,无法充分融入当地政府全面工作和获取政府更多的资源和支持。在国务院和国家工商行政管理总局的统筹指

导下，G省区工商系统顺利完成了由国家工商行政管理总局垂直管理到归属地方分层管理的行政管理体制改革，得到地方政府其他部门更多的理解、支持和配合，资源更加优化，协同能力大为提高。2016年，G省区政府把商事制度改革、"放心消费"创建列入"十三五"规划和政府工作报告，并把G省区工商"十三五"规划列入"十三五"重点专项规划序列，表明工商部门的地位和作用进一步提升，这就为G省区工商事业和工商干部队伍的发展提供了良好的机遇和更多的发展空间。

"新常态"下进行的一系列改革也带来了一系列变化，促进了G省区全域经济社会的发展，推动了工商行政管理职能配置的优化，提高了执法效能。对工商行政管理基层队伍建设有很大的促进作用。

（二）新形势对工商行政管理干部队伍的挑战

改革如火如荼，形势日新月异。工商系统干部在新的改革形势下仍然保持着较高的工作热情、政策认知，从而保证了政治思想的总体稳定和队伍的基本稳定。G省区工商系统干部队伍共有1万余人，承担了全区14个地市的市场经济秩序维护和监管执法工作，既有民族、地域、经济发展阶段的特殊性和个性，又有整个工商系统干部队伍顺应改革大潮，不断开拓进取的普遍性和共性。近年来，G省区工商系统各项工作蒸蒸日上，工作业绩在全国而言居于中上游甚至名列前茅，与拥有一支优秀的干部队伍密不可分。

但不可否认，新形势、新变化和工商行政管理改革也给系统内广大干部带来一定的冲击和困扰。通过对G省区工商系统干部队伍的多方面调研，并有选择地对G省区省会城市及沿海开放城市北海、西部欠发达地区百色等市及县级工商局地方工商所的座谈、走访和调研，我们发现新形势下工商干部队伍存在诸多挑战。

1. 队伍结构亟待优化，基层监管执法人员不足

2013年年底，全区工商系统共有公务员10 108人，到2014年年底变为9 601人，分流减员507人，队伍人员总量略有减少（见图1）。

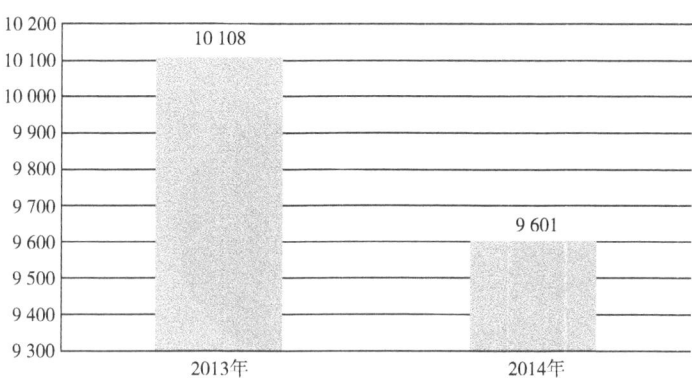

图1 2013—2014年全区工商系统干部人数统计

从统计数据来看，G省区工商行政部门干部队伍结构有两个明显特征：一是年龄结构趋于老化，后备力量不足；二是学历层次总体不高。这样的干部队伍难以适应经济社会形势的快速发展，队伍结构亟待优化。

（1）人员年龄结构老化，50～60岁干部占比重大。2013年，全区工商系统51岁以上的干部共计1 624名，占比为16%；30岁以下的年轻干部仅有1 118名，占比为11%（见图2）。

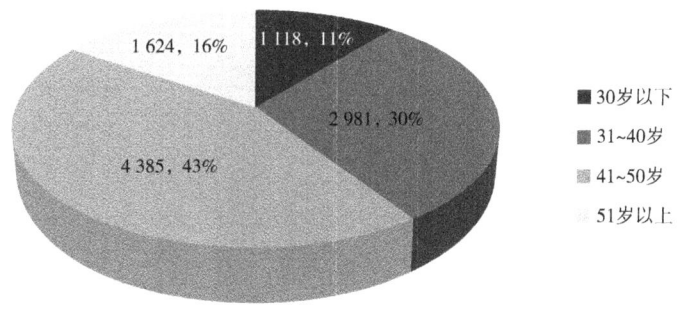

图2 2013年全区工商系统干部年龄构成情况

2014年，全区工商系统51岁以上的干部共计1 369名，占比为13%，而30岁以下的干部比例则上升到13%（见图3）。从人力资源角度而言，2∶5∶3（老年∶中年∶青年）是相对合理的结构，也就是说在组织中年轻人占3成的人力资源配置较好，而从G省区工商干部队伍年龄结构来看，

30岁以下的干部只占1成多,后备力量明显不足。

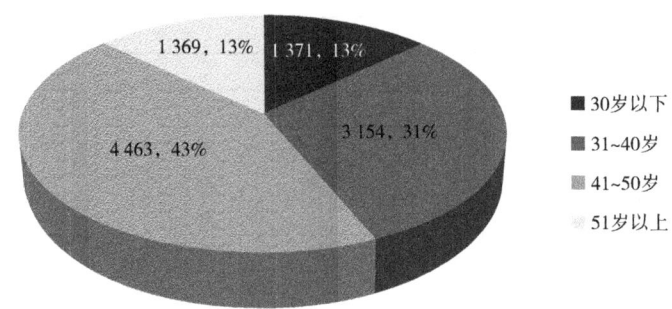

图3　2014年全区工商系统干部年龄构成情况

（2）学历结构不合理,研究生及以上学历人员比重小。从统计数据来看,2013年全区工商系统中具备研究生学历的干部仅有328名,占全部干部总人数的3.24%。

2014年,全区工商系统具备研究生学历的干部人数略有上升,达到379名,占比为4%（见图4）。

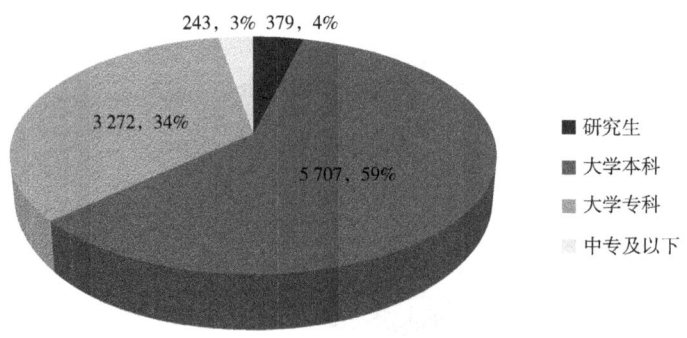

图4　2014年全区工商系统干部学历构成情况

（3）男女干部比例接近2:1,少数民族干部占比不高。2013年全区工商系统共有男干部6 786名,女干部3 322名,占比分别为67.13%和32.87%;少数民族干部共计3 263名,占比为32.28%（见表1）。

表1 2013年全区工商系统公务员性别、民族、党员构成情况表

统计\项目	性别		民族		党员	合计
	男	女	汉族	少数民族		
人数（名）	6 786	3 322	6 845	3 263	7 363	10 108
比例（%）	67.13	32.87	67.72	32.28	72.84	100

而到了2014年，全区共有男干部6 411名，女干部3 190名，占比分别为66.77%和32.23%；共有少数民族干部3 256名，占比为33.91%（见表2）。

表2 2014年全区工商系统公务员性别、民族、党员构成情况

统计\项目	性别		民族		党员	合计
	男	女	汉族	少数民族		
人数（名）	6 411	3 190	6 345	3 256	6 960	9 601
比例（%）	66.77	33.23	66.09	33.91	72.49	100

机构调整人员分流，属地管理人员借调，联合执法人员配合，不可否认，改革叠加的形势在一定程度上对基层监管执法力量造成较大冲击。有些地区由于分流后人员增补不及时，不到位，空编空岗现象较为突出，有些干部被政府其他部门借调，原岗位长期空岗，基层执法人员尤其一线人员面临不足。我们调研走访发现，有些少数民族集聚区、边远村镇出现1个工商所只有3个人或不足3个人的情况，几乎无法独自进行监管执法。由于人员不足，百色市右江分局下属的永乐工商所甚至出现一所一人的情况。

2. 管理任务重，干部工作压力大

基层工商组织特别是区县级工商局和镇街村工商所"一根针"面对上级"千条线"的情况普遍，繁重的监管执法任务与执法力量不足形成鲜明的对比。属地分级管理和叠加式改革使基层职能任务大幅增多。一方面，在已经进行综合执法改革的地区，新基层所工作承担原工商、质监、食药监、物价、知识产权等各项职能，同时还承担着地方政府经济社会发展建

设（如 G 省区的"美丽乡村"建设，省会城市争创"全国精神文明卫生城市"建设）中的一些职能。2015 年 G 省区工商局工作中明确提出开展"改革攻坚推进年"活动，其中 9 项工作中有 7 项是以前从没做过的。这些新的改革理念和要求包括：一是稳步实施工商体制改革；二是依法清理工商部门行政权力事项，推行"权力清单制度"并于年内向社会发布；三是全面落实"先照后证"改革；四是推进"三证合一"改革（到 2016 年 9 月，已变更为"六证合一"）；五是建立企业经营异常名录和严重违法企业名单制度；六是加快企业信息公示系统建设；七是推进电子营业执照和工商注册全程电子化登记管理。任务艰巨，挑战与机遇并存。调研显示，部分地方"三证合一"后，日常性检查工作多达近 60 项，其中约 53 项由基层所承担，需要定期上报的各类报表约 57 个，工作任务的合理分配面临更大的考验。另一方面，随着商事登记制度改革的深入，各地市场主体呈现井喷式增长，基层队伍登记注册工作量大幅增加。取消垂直管理后，基层工商队伍属地方政府领导，有些地方的基层所属街道办事处或乡镇政府领导。部分地方政府临时抽调基层所干部承担拆迁、协税、创文、创卫和各种专项整治等任务。据统计，2014 年省会城市全市工商系统配合参与"美丽乡村"工作临街、乡村卫生清洁活动的执法力量达到 9 660 人次，开展联合执法 2 018 次；但同年参与流通环节市场专项整治的人次仅为 5 200 人次，为前者的 53%；打击传销，开展联合执法 25 次，仅为前者的 1%。投入和力度对比悬殊。与此同时，消费投诉数量大幅上涨。2014 年度省会城市全市工商系统共受理消费者咨询投诉举报 54 310 件，较 2013 年度的 37 513 件猛增 45%。其中固然有商事制度改革而导致市场主体增多、消费活跃的原因，但也从另一个角度表明市场秩序的监管力度有所弱化，违法行为增多，从而引发了消费投诉的爆发式增长[①]。

3. 理论素养和履职能力不足，面临本领恐慌

市场监管工作领域广泛，对专业性、政策性、法律性要求较高。在新

---

① G 省区工商局内部资料：《"三严三实"专题调研报告：聚焦改革，转变角色，在新体制环境下工商部门大有作为》。

的形势下，工商干部既要充分理解和把握市场经济的特征、规律，全面领会中央和上级部门指示精神，还要面对大数据时代对信用监管、信息平台使用的技术要求，同时还要掌握现代化的管理理念和业务技能。这对工商干部队伍来说，确实存在着一定的挑战。多数基层干部理论水平和履职能力不足，面临本领恐慌的问题。从目前的实际情况看，各地基层队伍复合型、专业型人才较短缺，理论水平和素养不高，观念、认识不到位，不能完全适应新形势下监管执法的需要，整体素质不高，业务技能不足，不能及时跟上形势发展。相当一部分干部的监管和执法观念已经过时，他们习惯于传统的监管方式和执法手段，不注重新知识的学习和应用。有的干部自认为在基层工作数十年，经验丰富，没有必要再去学这学那；部分干部认为"人到中年万事休"，学不学无所谓，不愿意劳心费神地去学习充实自己，没有加强学习、更新知识的意愿，连电脑打字和上传资料都要由别人来代劳，造成人力资源的浪费。

4. 责任和压力过重，工作热情降低

改革叠加，工作压力大，思想认识不到位，懒政、惰政、不作为现象一定程度上存在。责权利匹配不合理，依法行政要求严格，追责严重，因此，部分干部感到责任和压力大，工作热情有所降低。在压力大、任务多、责任重的情况下，"多干不如少干"、逃避责任的思想较为普遍。有些干部"不愿干""不会干"，也"干不好"；也有些干部工作只求过得去，人在心不在，工作效率不足，缺乏工作热情和创业精神；有些平时表现不错的干部也流露出"留薪不留岗"的心理；由于工资福利不高，年轻干部普遍存在跳槽转岗的情况。还有一个值得注意的现象是，随着行政体制改革的深化，一些地区已经基本完成了公务车辆改革工作，每名基层干部每月定额领取交通补贴，不再单独配备或者减少配备基层执法车辆。但留存车辆多数损毁严重，外勤执法十分不方便，降低了执法效能和履职热情。

（三）当前干部队伍中存在的主要问题及成因分析

尽管干部队伍整体素质在不断提高，思想观念、执法力量在逐步增强，执法理念正逐步适应新形势发展的需要，但就整个队伍来看，还存在一些带倾向性、不容忽视的问题，主要体现为在观念、角色、行为方面的三个不适应，在实际工作中也确实存在着难以解决的六大矛盾和难题。

1. 主要问题及表现

干部队伍中的三个不适应表现在：

(1) 观念的不适应。一是对"新常态"下改革大势的认识还不到位。"新常态"是针对我国经济社会发展转型提出的新理念，是从战略的角度提出的准确判断，是发挥市场在资源配置中的决定性作用的重要指导思想。改革的大势，就是要按照市场经济发展的特点和规律，激发市场活力和社会活力，使政府职能从管制型向服务型转化。但是，受传统行政的思维惯性和行政惰性影响，广大干部还没有从观念上认识清楚一系列改革带来的新变化，没有从思想上真正转变过来。困惑多于学习，担心多于行动。一部分干部认为，市场主体是利益导向，甚至是唯利是图的，市场监管就是要严管，放开后怕管不住、管不了，因此仍然秉持重管理轻服务的观点，管制意识强，服务意识弱，对改革大势、特点、要求理解不够，造成各种不适应的状况。一部分干部在监管与被监管的认识上发生偏差，把自己凌驾于被管理者之上，缺乏为群众服务的意识和为市场主体服务的思想，没有形成积极促进各种所有制经济健康发展的理念。二是对改革中出现的新概念、新政策、新问题认识不清，理解不透。改革叠加，形势发展迅猛，从中央到地方出台了很多政策、法规、规范和文件，从上至下业务学习任务多，工作任务重，出现很多新概念、新业务、新问题，多数干部不能及时吸收、消化、理解，心里没底。有些基层领导没有时间，也没有精力去抓思想政治工作，政策研究不深入，解读不到位，宣传不广泛，思想政治工作缺乏创新，没有突破传统的动员、布置的教育模式，针对性不强，新办法、新招数不多，只能疲于应付。

(2) 角色的不适应。"新常态"下的职能转变和体制调整将使工商行政干部队伍经历一个漫长的调整适应期。基于传统工商职能形成的监管理念、监管手段和监管角色已经根深蒂固，而"新常态"下工商行政干部队伍所担任的角色和履行的职能与以往相差甚大,角色转换所带来的不适应是可以预见的。G省区工商行政系统内干部的年龄偏大、学历不够高是不争的事实,老同志调整意愿弱、适应能力差,年轻同志日常工作任务重、学习时间少,将使得调整适应期进一步延长。

回归地方管理后,工商部门承担了许多新的工作任务,如违建拆除、集市管理、招商引资、交通管理、农村扶贫乃至计划生育等。完成政府中心工作并主动服务地方发展建设是政府职能转变的重要任务之一。部分基层干部对政府中心工作认识不到位,角色转变不到位,工作存在一定的被动性。多数同志对此产生困惑,认为工商队伍正逐步丧失独立性、专业性,种了别人的地,荒了自己的田;也有同志认为,工商部门是单纯的市场监管执法部门,地方政府交办的各项工作超出了工商部门的本职范围,占用了工商部门的大量人力、物力和精力,不但使工商行政管理职能弱化,而且增大了基层的履职风险,从而对政府交办的工作任务产生了一定的抗拒心理,表现为工作被动、应付,角色不能很好适应和转变[①]。此外,还有些工商干部被借调到其他政府职能部门但编制一直不能转入,在工商系统的发展受到极大制约,陷入进退两难的窘境,成为政府的"两栖人"。

(3)行为的不适应。行为的不适应主要体现在执法水平和履职能力方面。新形势和改革叠加对工商行政部门干部队伍的执法水平提出了更高的要求。执法本身是公职人员依据法定职权和程序行使行政管理权的过程。职权法定要求公务员严格按照法律的规定和制度的约束行使公权力。程序正当意味着在行使公权力的过程中要严格按照法定步骤执行。在全面推进"依法治国"的过程中,对于工商系统这种部门而言,执法规范性的要求越来越高。G省区市场经济发展不充分,民族关系复杂,各地发展情况不同,执法环境相对较差,在这种环境下高水平履职,就对干部队伍行政行为提出了严峻挑战。特别是在证照合一、跨部门协同的形势下,在执法依

---

① G省区工商局内部资料:《"三严三实"专题调研报告:聚焦改革,转变角色,在新体制环境下工商部门大有作为》。

据不足、政策不完备、监管领域不熟悉的前提下,要做好事中事后监管,处理好"放、管、服"的关系,做好本职工作的同时又有所创新,仍需要广大工商干部不断付出努力。

此外,工商管理系统自改革以来,职能经过了诸多调整,综合执法改革之后,更是涌现出大量全新的任务,加上近年来作风建设越抓越严,干部们的担责风险越来越大,因而在实际工作中难免存在畏首畏尾的思想。

职能转变和体制调整后,基层所的核心任务在于守住安全底线,涉及安全的监督管理工作备受地方政府重视,传统工商职能有可能被忽视。在19项工商传统职能中,占比较大的是消费者权益保护和维护工作。基层市场所80%的时间和精力投入到食品安全监管上,其余时间和精力重点分配到承担地方政府交办的基本职能业务范围外的工作任务中。个别地方政府为了给纳税大户、骨干企业创造宽松的发展环境,暗示或直接明示工商部门要区别执法、变通处理违法行为,基层队伍执法办案受到一定影响,对执法水平和履职能力提出考验。

2. 主要矛盾及成因分析

干部队伍在改革新形势下的各种不适应,出现这样或那样的问题,也与现实工作中存在的六大矛盾紧密相关。

(1) 队伍结构不合理与新知识、新技术飞速发展之间的矛盾。"新常态"下,工商行政部门的市场监管工作面临难得的创新发展机遇:大数据、"互联网+"、信息化、人工智能等新思维、新技术的普及和应用对提高监管的针对性、有效性以及降低监管成本提供了可能。但新知识、新技术的飞速发展也对工商干部队伍的个人能力和学习素养提出了更高的要求。公共部门的人员结构较为稳定,人员流动性不强,对于新兴事物的知识欠缺不能快速地通过"聘用新干部"的方式加以弥补,因而要求干部不断地加强学习。

工商行政干部队伍整体年龄偏大且整体学历水平不高是问题的关键所在。临近退休的老同志,精力相当有限,几乎没有提升空间,学与不学、会与不会并没有太大差别。在改革的新形势之下,大量老同志无法或不愿扩充新知识、掌握新技能，综合业务能力逐渐退化，加大了年轻干部的工作负担，削弱了整个干部队伍的综合战斗力。百色市下属的人民工商所就面临这种情况。该所拥有正式编制干部13人，实际具备计算机基础技能的只有4~5人，临退休的老干部打字困难，根本难以处理跟计算机相关的任何业务。相关政府部门领导直言，可以用12个字来概括百色市工商干部队伍的情况，即"整体素质很高，年龄不占优势"。根据省会城市和北海市工商部门的调研走访结果来看，这句点评在G省区很多地区适用。与此同时，正如前文所述，工商干部在新技术、新知识迅猛发展的时代，学历和知识结构也不占优势，这个矛盾不是一朝一夕能够解决的。

（2）工作任务繁重与业务知识能力不足之间的矛盾。综合执法改革扩大了工商行政干部队伍的基本职能范围，商事登记制度改革增加了工商行政干部队伍的工作难度，而由垂直管理变为属地管理之后，工商行政管理部门还需要不定时地额外承接当地政府安排的附加性工作。除此之外，工商行政部门日常工作的管理对象交错庞杂：各类市场主体千差万别，彼此之间有各种利益纠葛。在此背景之下，改革过程中工商行政部门的各项工作仍然可以有条不紊地进行，可以说，队伍的整体素质水平还是很高的。但是，这并不等于工商队伍就很好地处理了工学矛盾和供需矛盾。

除去繁重的工作任务外，干部还要参加定期、不定期举行的各类职业培训以及网络课程学习，用于积累业务知识，提升职业素养。由于工作任务重，所以有效学习时间不能保证。我们在与基层工商干部访谈交流中发现，整个工商系统确实存在业务知识储备不足，业务能力有待提升的现象。百色市下属工商所的干部反映，在处理消费者投诉时，工商行政部门只能单一地采取调解措施，但调解的结果往往得不到民众的认可，调解工作的满意度迟迟无法提升。北海市下属工商所的干部也反映，部分干部在维护消费者权益的过程中，因缺乏法律知识而难以对企业制定的"霸王条款"进行有效的甄别，处理问题找不出适用的法律依据，工作被动。

在新常态和改革叠加的背景之下，扩充业务知识和提升业务水平是加强工商行政管理部门队伍素质建设的重要内容，但工商干部被繁重的日常工作所累，既要完成绩效考核目标，又要完成大量的学习任务，难以在二者之间进行合理的分配。这种矛盾在未来很长一段时间会存在。

（3）工作贡献大与发展晋升空间狭窄之间的矛盾。在过去相当长一段时间里，公务员的身份很令人向往，理由很充分：工作稳定、收入适中、福利体系完善以及社会地位较高。但随着公共部门改革的逐步推进以及"反腐倡廉"相关政策的不断落实，公务员对社会公众的吸引力开始逐渐减弱。

薪酬福利方面，公务员的基本工资维持不变，但自实施"八项规定"以来，政府部门各项福利和补贴逐步削减。调研结果显示，省会城市、北海市工商部门的平均月工资大约在 4 000 元左右，略高于当地人均收入。与同层次企业员工的收入差别其实不大，但工商干部承担的工作压力和工作风险却比企业员工要大得多。此外，调研中大家谈道，在学历相同、年龄相仿、能力差别不大的情况下，工商系统与其他政府部门或者经济管理组织相比，发展空间狭窄，晋升机会极其有限，科级干部一干就是十几年甚至二十几年。随着公民维权意识的提升，一些素质不高的消费者对工商干部不断进行电话骚扰、侮辱谩骂甚至人身攻击，已经给工商干部的日常生活带来极大的干扰，很多干部感觉失去了应有的尊严。

比较有代表性的地区是 B 市合浦区闸口镇。该镇主要居民为客家族，生态环境恶劣，民族情况复杂，执法力量相当薄弱。基层同志反馈，工商行政部门的同志在此地区执法必须结伴而行，碰到违法经营商贩，只能趁业主不注意时没收摊位，把违规物品收入执法车后赶紧驾车离开，不然将受到围攻。很多年轻干部正是在这样艰苦的环境下工作，奉献与回报不成比例。

（4）改革的频率加快与本领恐慌之间的矛盾。新形势下改革的频率不断加快，有关经济、社会发展等的政策相继出台落实，工商部门的改革密度大、节奏快、转变迅速。

全面深化改革需要政策的支持，需要制度的支撑，也需要政府能力提高和公务员队伍素质提升。改革无论如何深化，如何攻坚，最终都需要工商行政部门的干部去实施。牵一发而动全身的改革涉及方方面面的内容，需要协调各种阶层的利益，这就要求干部不仅要具备扎实的业务知识，更要具备综合素质和技能，不仅能准确解读政策，执行政策，更能在工作中贯彻落实，适应改革的力度、频度。B市工商局工作在登记注册一线的干部反馈：目前商事制度改革推陈出新频率过快，自改革以来，营业执照换了2次，相对应的各种文书和表格换了3次，从两证合一到五证合一，从年检到年报，实现同城化、就近办、信息化、智能化以及"双随机"，改革的密度和节奏使很多同志很难及时消化、适应。加之改革过程中出现了各种新问题，使各地基层队伍难以完全适应新形势下监管执法的需要。计算机、大数据更是使多数干部感觉知识技能储备不足。市场主体、经营环境的多样性和个人权利意识的加强，依法行政的强化，使得广大干部在执法过程中缺乏自信，小心翼翼，不敢为，甚至不作为，出现本领恐慌，使执法疑难问题和悬而未决问题广泛存在。

（5）有限的行政权力与无限的行政责任之间的矛盾。改革是一项错综复杂的系统工程，政策的推进落实需要行政权力予以支撑。在行政执行层面，理想的状态是责、权、利相匹配，权力大责任也大。与有限的权力相匹配的是有限的责任。但是，由于改革任务重，人事制度和权责制度未能及时调整，甚至不规范、不匹配，个别领导干部担当意识差，工作任务下放，责任卸载，但权力使用界限模糊，出了事更多是基层一线同志被处理，所以让工商干部有一种"有限的行政权力"和"无限的行政责任"的错位感，影响了他们的工作热情和工作创造力。

在座谈过程中，调研的几个地市的干部都表示，基层普遍存在谁都不愿意担任工商所所长的情况。探究根源，在于基层工商所任务重，人手空，工作压力大。新形势之下，权力有限，担责风险更大。"有限的行政权力"和"无限的行政责任"之间的矛盾，是形成"多干不如少干"这种懒政、惰政习气的重要原因。

（6）绩效考核不完善与有效激励不足之间的矛盾。近年来，各级工商行政管理机关虽然建立了队伍管理长效机制，实行了多种考评、考核制度,有效地激发了队伍的积极性和整体活力,取得了一定成效,但激励多侧重于可量化的工作,忽视了很多社会性、服务性工作,在目标设置、指标设定、奖惩兑现、考核结果落实上存在一些不完善的地方。处级以下基层干部之间的福利待遇相差甚微,未能充分激发干部职工的工作热情,影响了队伍整体力量的有效发挥。

以商事审批为例,改革之后,企业年报率成为工商行政部门绩效考核的一个重要指标。我们在走访基层工商所的过程中发现,不少地区因为企业年报率过低而忧心忡忡。座谈会上,商事审批部门的干部反馈:由于国内市场信用体系的缺失和准入门槛的逐步降低,很多企业和个体工商户都直言拒绝年报,这使得年报数据产生一定的水分。有同志呼吁,企业年报属于企业的自主行为,本就不该与工商部门干部的年末绩效直接挂钩。

总的来看,工商行政和市场监管体制改革是大势所趋。顺应改革要求,稳步推进各项改革举措是工商部门的一项重要任务。努力提高市场监管现代化水平,加强队伍建设,是推进改革和顺利实现改革目标的关键。

三、"新常态"下加强工商行政管理队伍建设的基本思路与政策建议

(一)基本思路

商事登记制度改革伊始,工商行政管理部门一下子被推到全面深化改革的潮头。改革目标能否实现,关键在于基层部门是否贯彻落实到位,基层队伍能否充分发挥职能作用。在职能转变、体制调整的大背景下,工商管理干部要有新理念、新状态、新作风,适应改革形势,坚定职业信念,加强敬业精神,提高履职能力,真正做到观念上适应、认识上到位、方法上对路、工作上得力,牢牢把握主动权,努力提高"新常态"下做好工商

行政管理工作的能力和水平，进一步强化全系统的凝聚力，加强基层组织队伍建设，不断提高队伍能力和水平，适应新的体制机制，再造工商队伍的新优势。

（二）政策建议

1. 推动及时转变观念，认识到位

改革是大势所趋，不可逆转，不能等待。面对"新常态"下经济形势和政治要求的新变化，如何坚定职业信念，强化敬业精神，提高履职能力？首要的就是转变观念，提高认识，认清角色。这就要求工商行政管理全系统和全体干部及时转变管制思维、人治观念，认识到新常态带来的新变化，认识到新技术带来的新问题和新要求，了解工商干部的新任务，充分理解市场经济的特点和市场机制的作用，认真研究新的形势，努力适应新的变化。针对观念、角色、行动上的三个不适应，解决认识论的问题。要加强政策解读和理论学习，不断提高认识水平。要走出去，请进来，结合"两学一做""道德讲堂"，发挥高级领导、智库、专家学者的作用，重视利用各种新媒体手段，开阔视野，开拓思维，建立自上而下的宣传教育体系，做到多层次、广覆盖，把全体干部的思想和行动统一到中央精神和上级工商部门的要求上来，坚定信心，凝聚共识，形成合力，共同推动工商事业向前发展。

2. 充分重视培训，加强学习，不断提高履职能力

培训是提高干部素质、工作能力和履职能力的重要手段，要完善业务培训体系，重视培训效果，创新培训手段，提高工作能力；要注重培训需求与工作要求的结合，科学制订培训计划，强化培训前的统筹管理，以《公务员法》《干部教育培训工作条例（试行）》为基础，加强各种法律法规和业务培训。近年来，从中央到地方，从总局到区、市、县，出台了多个法律法规，进行着各种业务改革，如果对法条不清楚，概念不了解，业务技术不掌握，就必然面临着各种能力不足和本领恐慌，"法治工商""信息工商""信用工商""工商与大数据"就无从谈起，"放、管、服"就没

有思路，无法落地。因此，充分重视培训和加强学习就显得尤为必要。

推动全区工商干部教育培训常态化。从各级领导班子抓起，形成制度，有计划、分层次，开展有针对性和实用性的素质培训、技能培训，切实提高领导班子成员的政治素质、业务能力和管理水平，不断增强驾驭各项工作的能力，提高领导艺术。重点加强业务培训，加强对新晋干部的工商业务职能和执法培训。

实施精准教育培训、精准管理监督、精准选拔任用。同时，根据实际工作对不同层次、不同类别、不同岗位干部的不同需求，积极探索干部教育培训的新方法、新路子，重量更要重质，真正提高队伍综合素质。与高校和科研院所，以及质检、食药监、公安部门等进行跨部门跨领域联合，在工商干部在职教育、知识更新培训、业务培训等方面开展合作，培养本职业务的"政策通""活字典""多面手"等专业人才，解决能力不足和本领恐慌问题。

鼓励干部自觉养成良好的学习习惯，运用多种手段，营造工作学习化、学习工作化，以及主动学习、终身学习的氛围。可通过举办"为党旗增辉、为红盾添彩"等各种主题活动，推进"两学一做"学习教育向"实、细、全、严"方面深入开展[1]。

3. 拓宽干部发展晋升空间，加大基层干部选拔力度

发展空间小、晋升通道窄是束缚干部队伍工作热情和创造力的重要因素。因此，要多想办法，为干部能力施展创造平台、空间和条件，改善干部待遇薪酬和执法设备及条件。在干部配置方面，坚持将有潜力、有发展前途的年轻干部安排到基层岗位上去锻炼，一方面确保基层工作的延续性，另一方面丰富年轻干部的阅历，让他们积累基层工作经验。在干部选拔任用方面，既重视选拔高学历人才，也注意选拔在实践中锻炼确有真才实学的人才；既让优秀年轻干部脱颖而出，又确保合理使用其他年龄段干部，调动各年龄段干部的工作积极性。

---

[1] 甘孝雷.G省区出台七项措施打造过硬工商干部队伍［EB/OL］.［2016-03-25］.新华网广西频道.

在人才培养和队伍建设方面，坚持引育并重，努力调整结构，补充一线执法力量。加大对法律、管理和计算机方面人才的引进和培养力度。有计划大力度地补充青年干部，调整队伍的年龄结构和学历结构。注重优秀人才的引进，提高待遇和改善环境。注重现有人才的培养开发，尊重人才成长规律。深化干部人事制度改革。强化日常跟踪考察了解。培养选拔专业化干部，让专业人才去干专业的事。

4. 完善考核激励机制，营造工作与创业环境

要让绩效考核制度和激励机制真正发挥作用，达到形式和效果的统一。避免重指标轻实际、重业务轻教育、重过程轻结果的情况出现，避免造成考核拉不开档次、考核结果不能兑现的状况，在目标设置、奖惩兑现方面要多角度激发和调动干部职工的积极性，对工作成绩特别突出的单位和个人或有特别贡献的要给予重奖，奖励的形式应随着市场经济发展而变化。对考核优秀的干部，在评职、评级、晋升等多方面应当有所侧重，真正发挥考核激励的正向作用。

5. 加强人文关怀，坚定职业信念，培养敬业精神

切实加强对干部队伍的关心和爱护，关注干部队伍的思想波动，坚定工商干部的职业信念和培养他们的敬业精神。无论机构如何调整，管理改革如何进行，保障经济健康持续发展、市场秩序公平公正和消费者权益的政府职能不会变，"培养一支具有铁一般信仰、铁一般信念、铁一般纪律、铁一般担当的干部队伍"[①] 的工作要求不会变。激发市场活力，强化事中事后监管，优化服务。通过各种方式和渠道耐心细致做好工作，帮助工商干部转变观念，进行角色转变，提升能力。大力弘扬优秀的"工商文化"传统，发扬敬业精神，发挥"讲政治、重公道、敢担当、精业务、严作风"的标杆模范作用。

6. 廉政建设不放松，抓好各项制度的刚性约束和制度落实

廉政建设是提高队伍素质、规范从政行为、改变行业风气的有效手

---

① G省区工商局印发：《G省区工商局2016年人事工作要点》。

段。廉政建设主要应从领导班子和领导干部抓起，只有把各级领导班子建设好了，才能真正带出一支清正廉洁、作风过硬的队伍。当前，有关工商系统廉政建设的规章、制度比较健全，关键是落实的力度不够。要结合"三严三实""两学一做"活动和党风廉政巡视、检查，加强对干部的廉政教育，引导全体干部职工树立正确的世界观、人生观、价值观以及义利观，逐步增强法律意识、党纪政纪意识、责任意识，使干部职工在思想上自觉形成拒腐防变的能力，抓好各项制度的刚性约束。要加强领导干部编制职数管理，强化领导干部提醒、函询和诫勉，推进领导干部能上能下，开展干部档案管理专项整治，加强对干部出国（境）的管理，推动党员干部认真学习贯彻《中国共产党问责条例》，为全面从严治党、廉洁自律树立道德高线和纪律底线。

建立健全科学的预警机制。一手抓预防，一手抓惩治。把预防的关口前移，做到防范在先；把惩治的力度加大，不让腐败现象有滋生的土壤。对发现的苗头性、倾向性问题做到早提醒、早解决，防止违法违纪问题发生。对违规违纪的人，发现一起处理一起，决不姑息，以增强廉政建设的威慑力。

市场监管的新机遇、新挑战、新动能[*]

【摘要】 进入新时代,市场监管面临哪些新机遇、新挑战、新动能?市场监管研究的学者们从多个学科、不同视角对此进行了深入研究。探讨了市场监管的法治化、民主化、信息化等议题,提出了综合性监管、激励型监管、大数据监管以及"善管"等监管策略,对当前的市场监管改革有重要的理论价值和现实意义。

一、我国市场监管改革的新机遇

(一)新时代、新经济对市场监管理论与实践发展提出了新要求

党的十九大指出,我国经济社会发展已经进入新时代,现阶段社会主要矛盾发生了新的变化。结合这一论断,学者们认为我国市场监管改革迎来了新的机遇。新时代,新经济形势要求市场监管理论、实践不断调整,不断创新。清华大学公共管理学院蓝志勇教授在题为"新时代、新经济、新政策、新监管"的演讲中认为:几十年的改革开放,为我国经济社会带来了巨大发展,我国现已经进入变革的新时代。他结合美国现代化发展历史和国际发展经验指出,社会经济发展状况和发展理念的变化,必然要求

---

[*] 本文写于2017年,综合了第四届科学监管与监管科学论坛学者们提出的许多重要观点,未公开发表。

新的经济结构、发展模式，新的发展政策与变革与之相适应，监管也必须与之相适应，亟须新监管，应从监管理念、主体、对象、目标、技术、监管办法、组织形式、干部素质等方面完成蜕变。这为监管改革提供了新机遇，也提出了更高的挑战。中国人民大学公共管理学院刘鹏教授系统地对我国市场经济监管体系改革 25 年的发展进行梳理，将其划分为三个主要的发展阶段：第一阶段是中国 1.0 版市场监管体系（1992—2001 年），是我国市场监管体系初步建立阶段；第二阶段是中国 2.0 版市场监管体系（2002—2012 年），是我国市场监管体系全面建设阶段；第三阶段是中国 3.0 版市场监管体系（2013 年至今），是市场监管体系全面加快改革阶段。该阶段呈现出简化监管、高效监管、合作监管、参与监管的新特征和新趋势。现今，随着经济全球化速度加快以及风险社会的来临，监管型国家（regulatory state）已然成型，我国市场监管进入新时代、新经济业态，面临新的市场监管机遇，改革必将进一步深化。

（二）"放、管、服"改革为市场监管改革提供了基本思路

党的十八大以来，以"放、管、服"为核心的政府职能转变和以商事制度改革为突破口的市场监管改革不断深化。党的十九大进一步提出完善市场监管体制，深化简政放权，创新监管方式，增强政府公信力和执行力，建设人民满意的服务型政府。吉林大学行政学院麻宝斌教授通过对吉林省简政放权改革的持续追踪调查研究指出，简政放权改革取得突出成绩，如：权责清单更加明晰，部门行为更加规范；下放权力含金量提高，审批制度改革更深入。2017 年 1 月，国务院发布《"十三五"市场监管规划》，这是国务院确定的"十三五"重点专项规划之一，也是我国第一部全国市场监管中长期规划。简政放权、"放管结合"，保障了市场经济有序运行，为改革提供了更好的机遇。中国市场监督管理学会副秘书长吴海峰、中国行政管理杂志社事业部主任张红彬认为，中央出台的一系列文件，为市场监管提供了基本遵循路径。一方面，要坚持依法依规监管，平等保护各类市场监管合法权益。另一方面，要减轻企业负担，减少社会成

本，把企业从各种不合理的条条框框中解放出来。同时，既要对潜在风险大的领域严格监管，消除监管隐患，也要坚持按照市场规律进行审慎监管，鼓励创新，促进创业，推动新经济快速发展。

（三）综合性执法改革成为市场监管改革的重要方向

党的十八届三中全会明确提出，要深化行政执法体制改革，整合执法主体，相对集中执法权。推行综合执法改革主要是为了解决执法队伍过多导致的多头执法、重复执法问题。当前市场监管体制改革也呈现"综合化"趋势。中央机构编制委员会办公室三司王宇卓副处长认为：深化行政执法体制改革，是整合执法主体，集中执法权，推进综合执法，着力解决权责交叉、多头执法问题，建立权责统一、权威高效的执法体制的重要举措。2015年4月，中央机构编制委员会办公室印发《中央编办关于开展综合行政执法体制改革试点工作的意见》，确定在全国22个省（自治区、直辖市）的138个试点城市开展综合行政执法体制改革试点。在实践推行过程中，综合行政执法改革取得了突出成绩，同时，市场监管体制也呈现出"去垂直化"的改革趋势。2011年，国务院办公厅发布了《关于调整省级以下工商质监行政管理体制 加强食品安全监管有关问题的通知》，将工商、质监省级以下垂直管理体制改为地方政府分级管理体制，下级业务接受上级工商、质监部门的指导和监督，领导干部实行双重管理，以地方管理为主。改革初衷在于中央政府加强省级政府监管集权，破除地方保护主义，提高监管权威和效率。刘鹏教授的研究也指出，2014年年底，全国所有省区直辖市（除了北京、天津、重庆之外）都几乎取消了工商和质监部门的省以下垂直管理，改为由地方政府分级管理，这就明确和强化了地方政府的监管责任，为下一步改革深化提供了机遇。

（四）市场监管手段的科学化、信息化为监管改革带来了机遇

"双随机、一公开"监管改革是市场监管手段改革的代表性成果。首都经济贸易大学城市经济与公共管理学院张帆博士认为，"双随机、一公

开"改革是为了解决当下我国市场监管"监管俘获"、"过度扰民"、信息不公开、监管效能低下等"监管失灵"问题,这为监管改革从理念和技术的创新层面提供了新的手段。她在对全国部分省市"双随机、一公开"地方政府改革进行调研后认为,各地政府的实践探索使"双随机、一公开"已经逐步取代了常规监管,覆盖范围明显扩大。此外,随着互联网技术的发展,信息化监管成为一种新的有效的市场监管手段。国务院《"十三五"市场监管规划》中强调运用大数据等推动监管创新,依托互联网、大数据技术,打造市场监管大数据平台,推动"互联网+监管",提高市场监管智能化水平。中国人民大学法学院涂永前教授认为,基于数据挖掘、数据关联的大数据技术的运用能够极大提升政府治理能力。来自B市的王伟昌也介绍了该市工商局执法协作处利用大数据抓取技术,抓取该市工商系统内网信息数据,获得某工商所辖区内部分"失联"企业的联系方式,为"失联企业"的联络和监管工作提供了众多便利。

二、我国市场监管改革面临的新挑战

监管已经成为我国市场经济资源配置中必不可缺的"安全阀"和"稳定器"。我国正处于经济转型与体制完善过程中,市场监管从传统管理向现代化治理的变革中依然面临诸多挑战。本次论坛对此进行了深入探讨。

(一)监管法治、规范建设不足

随着经济社会的快速发展,监管问题频发,集中暴露出市场监管法治保障不足的问题。麻宝斌教授认为,简政放权改革暴露出的一系列问题,主要是因为顶层设计不到位、法制保障不完善、体制改革有断层、改革标准不统一、配套措施不健全。同时,法制建设也滞后于经济社会的发展。国家行政学院法学部杨小军教授举例指出,工商部门具有场所执法权,包括生产场所、经营场所、仓储场所、宣传场所,但住宅不能进。而现今随着互联网的发展,大量网店的出现催生出"住宅与场所合一"的新现象,如何在民众的"高权保护"和"低权保护"中求取法治保障的平衡就显得尤为关键。此外，市场监管改革也遗留了上下体制不对应，机构整合后如何规范化的问题。王宇卓副处长站在综合行政执法改革的角度认为，机构和平台"硬件整合"已经完成，但"软件整合"还是一个长期探索发展的过程。例如，市场监管领域综合行政执法前工商行政管理局、质量技术监督局、食品药品监督管理局各自独立，整合成市场监督管理局后的服装、文书和执法证件不统一、不规范，这方面的法制规范目前仍很欠缺。

（二）监管权责配置不当

市场监管顶层设计中权责配置不到位，"推诿扯皮"现象依旧突出。麻宝斌教授站在简政放权的角度认为，目前存在放权和承接双重不到位，明放暗不放、此放彼不放、放责不放权、权责不对等、权能不匹配等突出问题。刘鹏教授提出，商事制度改革是否会加大监管的难度，事中事后监管能否实现政策目标，人力和技术手段能否同步匹配，等等，疑问诸多。杨小军教授认为，在实际运行过程中，地方政府对国务院关于事中事后监管指导意见的理解和执行存在偏差。国务院文件强调按照谁审批、谁监管，谁主管、谁监管的原则切实履行市场监管职责，加强"先照后证"改革后的事中事后监管，防止出现"监管真空"。但在地方行政执法体制改革中出现了审批部门、主管部门、执法部门"三足鼎立"的局面。他举B市某区政府商事制度改革文件中存在"谁审批谁监管""谁主管谁监管""谁执法谁监管"三句话并存的例子，并据例分析指出，监管权限的归属成为新的问题，处理不善则出现监管权限不清晰、监管混乱、相互推诿情形。

（三）监管手段与资源不足

杨小军教授、国家行政学院胡颖廉副教授分析指出，我国市场监管现有的监管手段依然受到"行政惯性"的影响，如存在"审批式"监管、"运动式"监管，手段、创新不足，同时也存在对私权力、剩余权力的侵害。涂永前教授认为，信息化、大数据的监管尽管得到很大重视，但也存在信息保护手段和资源不足的问题。他从个人征信信息大数据挖掘监管的角度出发认为，征信机构在数据挖掘过程中的行为缺少法律上的限制规定，导致征信机构滥用数据挖掘技术，侵犯个人隐私权。现有的监管手段不能从根本上规范征信机构在数据挖掘中的行为，对个人征信信息的监管存在不足。胡颖廉副教授认为，市场监管目前最突出的问题是监管资源与事权错配。我国长期以来形成的"压力型体制""同构格局"，必然导致各级监管部门职责边界不清。"压力型体制"也导致权力和资源不断向上而责任逐渐向下，两者不相匹配。在以发证、检查、处罚为特征的"线性监管"思维下，编制、经费、装备与监管对象应该成正比，而非根据不同业态风险程度高低配置资源，这种问题依然严重。

（四）监管质量成效不高

我国市场监管水平和监管质量与发达国家相比还存在较大的差距。中国政法大学政治与公共管理学院刘俊生教授选取了20个国家和地区进行监管质量水平的比较，得出我国的市场监管水平中等偏下的结论（得分44，与发达国家普遍90分以上的得分还存在较大的差距）。《中国行政管理》杂志社事业部主任张红彬认为，当下，政府职能转变不到位，行政审批环节多，市场活力不足。市场信用体系不健全，失信行为比较普遍。市场监管法律法规不健全，违法行为得不到有效打击。"互联网+市场监管"薄弱，市场竞争不充分，存在过度竞争，监管效果还有很大提升空间。《"十三五"市场监管规划》中强调提高监管效率、维护消费者权益的政策指导思想，加强协同监管的实施原则，改变政府"大包大揽"的传统方式，明确企业的主体责任，推动市场主体自我约束、诚信经营。但实际执行过程中，仍然存在监管效率低下、公众利益被侵害、社会共治局面难以形成的难题和挑战。王宇卓副处长认为，我国的市场监管仍旧是"人海式""一对一""点对点"的"保姆式"监管，监管成本、监督力量在增加，监管效果却欠佳，政府"大包大揽"，企业主体责任未能调动起来，监管的质量和成效还很不理想。

（五）基层监管任务繁杂

基层组织是市场监管的重要的前沿阵地，也是矛盾和难题最多的环节。刘鹏教授对乡镇市场监管机构的调研发现，许多基层的监管机构将30%的精力用于非业务工作上，如"创文""创卫""拆迁"。他进而提出监管的专业性如何保障的问题。胡颖廉副教授注意到市场监管改革后专业监管人员数量不增反降的现象，认为综合执法稀释了专业监管，机构数量的减少使专业监管人员纷纷转岗，存在潜在的问责风险和压力，待遇偏低，加之"运动式治理"挤占了日常监管大部分精力，在监管资源总量约束下，出现"不愿学、不会管、不想干"的逆向激励，日常监督抽检难以深入细致，微生物超标、制假售假等具有严重危害的关键风险点因为专业反而难以被发现。来自B市某所的程子平所长进一步印证了基层监管力量被分化的观点。2017年该所约50%的工作均是非业务性的。王宇卓副处长从综合行政执法的角度指出，纵向上存在市、县两级，职能上未突出主次，多层执法，横向上职能分工过细，职责交叉，存在多头执法，部门间"推诿扯皮"现象依旧突出。

三、市场监管的新动能：新理念、新手段

当前我国市场监管改革面临的"乱象"和挑战，亟须我们探索发展新的市场监管功能，保障市场监管效率和效能。学者们围绕监管理念、监管手段等多个方面进行了探讨，为监管改革提供了新的思路。

（一）法治化监管

针对市场监管改革法制化保障不足的问题，杨小军教授提出了法治化监管的内容与路径。他认为法治化监管主要包括监管的职责权限归属、监管的标准、监管的运作方式、监管的手段、监管的程序法治化等重要内容。他重点强调了监管的职责权限法律化、监管手段的法律化。其中，监

管的职责权限包括监管的职权法定,即监管既可以根据行为法授权,也可以根据组织法授权,也包括监管权的归属。特别是我国最近几年大力推行审批制度改革、综合执法改革,监管权在审批部门、主管部门、执法部门形成"三足鼎立"的局面。他认为监管权原则上归执法部门,若有例外,必须依法规定属于审批部门、主管部门的权力。凡未明确的,一律划归执法部门。监管手段的法律化需要在市场经济的基础上,重点防止宏观调控演变成微观干预,防止公权对"剩余监管权"的侵害,特别是在公权所代表的公共利益、公共安全、公众权利以及企业权利之间必须保持一个平衡和界限。

(二) 民主化监管

民主化是市场监管合作治理的本质属性和必然要求。北京大学政府管理学院赵成根教授认为,我国现今市场监管体制改革基本上到位了,但仍然具有广阔的发展空间,深化改革还有漫长的路要走,要建立一套现代的政府监管制度,真正塑造一个自由公正、统一规范的市场经济秩序,真正塑造市场正义的格局。他认为,市场监管需遵循民主监管、科学监管和依法监管的大原则,首要的、核心的还是要贯彻民主监管原则,因为没有民主,就没有市场正义。他进一步提出自己的设想——市场监管的民主化。他认为,各方权益的保护需要各方共同参与、共同见证、共同决策、共同组织管理、共同监督,出现重大事件也必须有一个多方参与的听证会,进而形成各方利益主体、权利主体共治共享的格局。监管是一个高度专业化的事务,需要发挥专家学者在整个决策和管理过程中的作用,需要调动相关社会组织的参与积极性,以此克服长期以来政府在监管事务中"一家独大"、监管资源不足、监管效果不佳的弊端。

(三) 善管

市场监管必然具有系统性、平衡性,既追求监管的效率,也追求监管的效能。国家行政学院公共管理教研部宋世明教授提出了市场监管的"善管"分析框架。他认为,"善管"的背景由我国建设现代化经济体系、持续推进"放、管、服"改革的内在矛盾运动、"新经济"与传统经济并存的"三重"时代背景叠加而成,是新时代推进政府治理现代化的必然要求。"善管"的根本要求是协同共治(协同治理),协同共治需要跨界配置政府资源和社会资源,采用行政机制、市场机制、社群机制,善于运用统一开放的数据平台,综合运用协商、协调、协作、协同四种基本工作方式。从协同共治的理论出发,宋世明教授提出了"善管"的分析框架,认为"善管"的衡量包括四个标准:一是政治性标准,能巧妙平衡资本利益、社会公众利益、以政府为代表的公共利益,有效寻求三大利益的"最大公约数";二是经济性标准,使监管成本合理适度,监管成本包括监管规则制定成本、监管规则执行成本、市场主体遵守成本,以及监管机会成本;三是效率性标准,一定的监管投入带来更多的法定监管产出,或更少的监管投入带来一定的法定监管产出;四是效能性标准,以足够低的监管成本有效营造宽松便捷的市场准入环境、公平有序的竞争环境、安全放心的消费环境。他进一步依据市场监管着力点(事前、事中、事后的时间维度)和政府协同共治能力(能力弱、能力中、能力强的能力维度)两个维度,划分了9个区域,将传统、改革、现代市场监管置于9个区域的分析中,认为最基本的市场监管方式是事前政府定标准、企业做承诺,事中强监管,事后严惩戒。

(四)激励型监管

市场监管面临的一个难题是监管主体之间资源和能力不平衡,共治主体参与的动力不强。张帆博士通过对"双随机、一公开"监管改革的实地调研,总结出"威慑型监管"和"激励型监管"两种最基本的市场监管模式,并指出:"激励型监管"旨在克服"双随机、一公开"的"监管失灵",进一步提升监管效能;"威慑型监管"属于控制命令型,组织结构是"自上而下"。"激励型监管"的特征在于监管部门和监管对象之间的关系为合作关系,监管属于非接触式监管,采取多样化监管手段(包括建议、咨询、培训、教育等建设性手段），是注重结果的监管（注重合规率），注重经济性与非经济性奖励，注重信息公开，充分利用信用机制，强调政府监管、企业自律、社会监督多元共治。张帆博士进一步指出，后续的研究在于如何将"激励型监管"融入"双随机、一公开"改革，通过赏罚并举，探索差异化监管（区分不知法违法与恶意违法），侧重重点领域、薄弱环节，实现精准监管（减少"接触式监管"），强化监管信息、信用数据公开及共享，推动企业自律和社会监督，提高市场监管的效能。

（五）大数据监管

互联网技术的发展为市场监管提供了新的、有效的监管手段，也丰富了市场监管的内涵。中国人民大学法学院涂永前教授以个人征信信息为例，提出了大数据挖掘的监管思路，强调通过完善法制来保障"大数据监管"运行的制度环境。一是要完善征信机构内部问责制，引导征信机构实施规范行为，并配以严格和完整的惩罚机制；二是完善匿名化个人信息的立法，明确严格的程序，如匿名化数据的使用程序、再识别数据目的的审查程序，构建激励机制，引导征信机构主动建立个人数据匿名化以及再识别化的追踪程序。B市工商行政管理分局干部廖锐分享了通过信息化、大数据来对互联网广告发布媒介进行信用监管的成果，主要包括三个维度：一是互联网广告发布媒介信用征集，征信对象为企业法人、个人、其他组织或机构，征信内容为所有者信息、经营信息、行政处罚信息、信用评价情况、其他部门信息，征信方式为在法律法规的基础上，通过互联网技术归集信用信息；二是互联网广告发布媒介信用评价，包括制定评价指标体系，尝试建立互联网广告发布媒介信用积分制度，通过量化的指标，对互联网广告发布媒介各方面的信用情况进行综合考量；三是互联网广告发布媒介信用监管应用，包括向社会发布互联网广告发布媒介信用评价报告和风险警示信息，保障社会监督，加大对信用积分较低的媒介的检查频次和力度，保障市场监督部门的监督。

下篇
食品安全监管与治理

多元共治：我国市场监管模式的改革取向与现实困境

——兼析食品安全市场监管的"体制之痛"*

【摘要】 多元主体参与治理的市场监管模式正逐步成为我国市场监管的改革取向之一。然而，由于多元参与的不同主体之间并不必然形成有效的机制作用关系，也并不必然产生良好的机制效果，所以导致在市场监管领域尽管理念不断更新，恶性事件却屡禁不止。因此，多元主体合作共治的理想与现实仍然存在很大的差距。多元共治的实现离不开有效的制度安排。问题已经不是对多元主体参与的倡导与关注，而应是对参与主体的有机构成、合作框架、效率和可持续性等制度安排的分析和研究。本文结合食品安全市场监管体制改革对此进行深入探讨，以求对这一模式内各监管主体作用的有效发挥提供理论和实践的参考。

一、市场监管多元共治的改革路径与现实困境

（一）多元共治的改革路径及其发展的必然性

在诸多关于市场监管问题的研究与实践中，有关鼓励社会力量参与、多元主体参与、多中心治理、合作治理的论述与主张占越来越大的比重。这一

---

* 本文写于2009年，对市场监管体制进行了系统的分析和思考。文章明确提出了在监管领域多元社会共治的基本观点，并对此进行了系统性阐发。部分内容在《中国行政管理》（2010年第8期）上发表。

方面反映了我国理论界和实务界逐步摆脱了传统政府管制思维的限制，在市场监管方面研究思路和视野日益开阔，另一方面反映了理论界和实务界对政府能力有限性有了清醒认识，对于社会力量参与公共事务治理的功能及作用日益重视和倡导。这极大地促进了我国的市场监管理论的发展和推动了改革实践。随着我国市场经济体制的初步确立和行政管理体制改革的不断深化，政府部门、行业组织、消费者协会、新闻媒体、公民等不同主体参与市场要素合理流动的决策、规范、管制、维权、监督等一系列活动的新型市场监管模式初步确立，并逐步成为我国市场监管改革的主要取向之一。

多元主体共同治理的改革路径，是适应国际国内社会经济形势发展新变化和现代公共事务管理新挑战的必然选择。

伴随着全球化和信息化的迅猛发展，人类的生产和社会生活方式正以前所未有的速度全方位发生着变化。信息网络技术的迅速普及，"智慧地球"的建设，推动着人类文明从传统的工业文明向信息文明快速转变。现代社会生活的丰富多彩，经济全球化和国际、国内交流的日益深入，科技的迅猛发展，人们物质文化生活水平的不断提高和需求的日益多样化，决定了现代社会生产、交换、流通和消费方式的多样化、复杂化和动态化。这就对现代公共事务管理提出了严峻挑战。"回应多样的、动态的和复杂的社会问题需要一种新的模式，它应该包括以前没有包括的伙伴，不仅关注市场，也要关注公民社会，以及各种各样的管理伙伴。因为政府并不是解决社会问题的唯一行为者，除了运用传统的方法外，政府需要采取新的治理方式解决这些问题。"（Kooiman，2005）这就是说，社会公共事务是多样的、动态的，相应地，公共管理的主体也是多元的、动态的。传统意义上公共管理的主体——政府，不再是社会公共事务的唯一管理者。正如全球治理委员会所指出的那样，治理是或公或私的个人和机构管理共同事务的诸多方式的总和。它是使相互冲突或不同利益得以调和并采取联合行动的持续过程。多元主体参与和合作的理论模式（Co-Governance）也在孕育之中。

面对经济全球化和国际化的新形势，伴随着网络技术的大力发展和数字化、智能化电子商务平台的应用，现代市场活动呈现出的复杂、多样、动态、私密、网络化等新特征，对市场监管模式提出了新的挑战。一方面，我国加入世界贸易组织后，与世界的经贸往来日益频繁，国际化程度日益提高，对企业的资质、市场的规范性和产品质量的要求越来越高。市场竞争的加剧及信息技术的广泛应用，提高了对市场监管主体能力的要求，加大了执法的难度。另一方面，市场活动的新变化也增加了市场监管主体规范市场环境的复杂性。新型现代化生产、管理方式的出现和各种营销手段的应用，现代生活、消费方式的转变，信息网络技术的广泛运用，也对监管理念的转变和监管科技含量的提高提出了新的挑战。

长期以来，我国采用的是以政府职能部门为主的行政性市场监管模式，庞杂、多样、动态的市场要素使监管部门即使疲于奔命仍不免漏洞频出，监管能力大打折扣。尤其是近年来有关市场活动的大案要案频发，触目惊心，市场监管任重道远。频频应对挑战，已使政府职能部门不堪重负，单一政府职能部门进行监管的传统模式已远远不能适应时代的发展。"在现代社会，任何一个行为者（actor），不论是公共的还是私人的，都没有解决复杂多样、不断变动的问题的知识和信息；没有一个行为者有足够的能力有效地利用所需要的工具；没有一个行为者有充分的行动潜力去单独地主导一种特定的管理活动。"（Kooiman，2005）这就亟须新的治理方式以破解监管难题。公共事务管理已经成为由政府部门、私营部门、第三部门和公民个人等参与者组成的公共行动体系。依靠政府、企业、行业组织、媒体、社会公众等多种力量的广泛合作来共同治理成为历史发展的必然。

（二）多元共治监管模式的现实困境

不可否认的是，目前多元主体参与、多中心治理、合作治理的监管模式仍有待完善，政府行政性市场监管向社会性监管嬗变的倡导与实践仍然存在很大不足。

1. 对于市场监管多元共治理念的认识不足

多元共治包含不同的行为主体的共同治理，政府、市场组织（企业）、公民社会都可以参与其中，公共事务管理体系已经成为由政府部门、私营部门、第三部门和公民个人等利益相关者组成的公共行动体系。各行为者之间控制与被控制的关系被打破，从单一向度的自上而下的统治转向平等互动、彼此合作、相互协商的多元关系。在这种网络化的组织结构中，更多的参与者不是被迫的，而是主动的；信息传达不是命令式的，而是协商的；参与者不是孤立的，而是合作的；参加活动不是被阻止的，而是被鼓励的。应当说，面对复杂、多样、动态的社会公共事务，这种多元的、协商的、平等的互动模式符合时代发展要求。

应当看到，无论是多元主体参与治理、多中心治理，还是合作治理，参与与互动是其不可或缺的理论双核。偏重或忽略任何一方，治理的效果则很难实现。这种治理形态和结构，既强调参与主体的多元化、多中心，更强调不同主体参与的良性互动。

然而以往相关的讨论在很大程度上忽略了这样一个事实：多元主体的参与并不必然形成有机、高效的运行机制及协调合作关系，强调国家、市场组织和社会力量的互动和各主体作用的发挥并不必然产生优势整合的良性相乘效果（synergy），简言之，多元并不一定能形成合力。首先，参与的方式多种多样，如积极参与和消极参与、主动参与和被动参与，二者效果将大相径庭。其次，参与不能等同于合作，参与者的地位也未必是平等的。需要指出的是，对于多元和多主体的理解，不应仅仅局限于政府内部的不同职能部门，而应该包括更广泛的行政体制外的力量。互动（interaction）是一个内涵丰富的概念，在自然科学中，主要是指物体或系统之间的相互作用和影响，用以解释能量守恒定律；在社会科学中，指人与人之间、事物之间、系统之间的相互影响和相互作用。互动并不总是水平或平等的，其包含不同的程度和向度。荷兰学者库伊曼（Kooiman）和他的合作者通过研究大量的国际渔业管理现象认为，社会学及政治学意义的"互动"至少包含三个层次的含义：干预（intervention）、干扰（interference）和双向交互作用（interplay）。因为对"互动"概念并无清晰的界定，多元主体参与和多中心治理模式就很难给出清晰、具体的实践框架，国家、市场组织、社会力量在参与过程中就可能既形成平等的协作、合作，也会遭遇从上到下的干预、干涉和受到不同维度的干扰和阻碍，而不总是形成充分发挥各主体能动性的有机合作关系。因此，多元主体参与治理的过程就并不必然产生预想的机制效果。多元共治，要求既强调多元，又强调共同治理、合作治理；既强调认识论，又强调方法论。只注重多元参与的形式而忽略共治的实质，或只注重观念上的创新而忽略实践操作的工具与方法，缺乏多元主体共同治理的有效激励机制、合作框架与制度保障，多元共治理想与现实的差距永远难以消除。

2. 对于市场监管多元共存现状的判断不准

市场监管多元主体是否存在及能否存在，是倡导多元共治监管模式的前提。尽管大量的研究集中于对多主体、多中心社会性治理的倡导，但却忽略了一个重要的事实：伴随我国行政管理体制改革的不断推进，我国市场监管的多元主体早已存在。就政府内部管理体制而言，适应市场经济发展的需要，政府市场监管部门并不单一，职能转变和体制调整伴随改革开放的步伐始终未停息。工商、质监、流通、金融、价格、审计、税务、食药、卫生等政府职能部门分分合合，既独立又合作，联合执法已成常态。从狭义的角度讲，各职能部门可以看作行政管理体制内部的多元或多头主体；就社会力量发展而言，各地消费者协会于20世纪80年代初先后成立，消费维权功不可没。行业组织、同业协会也相继成立，发挥了维护市场秩序、规范和推动行业发展、维护会员权利的重要作用。新闻媒体对于市场假冒伪劣、行业垄断、侵权滥权等行为的监督报道持续不断。大多数市场组织（企业）在经济体制确立的过程中管理更加严格、发展更加规范，信誉不断提高。可以说，社会力量参与市场监管在一定程度上发挥了作用。面对这样一种现实状况，对于多元主体已然性、或然性、应然性问题的探讨便显得多余了，自然也无法解决实际问题。

那么，既然存在市场监管的多元主体，为什么市场监管仍困难重重呢？问题的关键不在于认清多元主体的存在与主张多元主体的参与，而在于各主体相对独立和分散，在市场监管领域并未形成一种协同共治的有效的监管局面。对于市场监管多主体参与治理的研究并未重视对参与效果、合作效率和可持续性要素的分析和探讨。单纯地研究主体多元共存而忽视协同共治的体制和机制无异于缘木求鱼。

3. 多元共治仍面临着严重的体制和制度障碍

即使对多元共治的理论模式有清醒的认识,也并不意味着市场监管的现状会得到改善。合作策略的实现离不开有效的制度安排。传统的政府本位观念和僵化的体制、错综复杂的部门利益关系、模糊的监管对象与原则、灭火式的监管手段等严重的体制和制度障碍,仍然束缚着不同市场监管主体职能作用的发挥,合作治理的机制仍面临成本、效率、效果和可持续性的考验。体制和制度障碍具体表现在以下几个方面:第一,对市场监管主体的认识并不统一。传统观点认为,市场监管的主体是政府,各级经济管理部门,特别是工商行政管理部门扮演着主要角色。而从治理的角度而言,政府部门只是具有权威性的治理主体之一。是依靠政府主管还是依靠社会共管并无统一的认识,现行的体制仍然延续了政府职能部门作为监管主体的思路,社会性主体的力量并未受到足够重视。第二,各政府市场监管部门职能边界并不清晰,权责不明。我国有权进行市场监管的部门众多,造成职能交叉、责权利不一致,部门利益纠缠,致使行政成本居高不下,监管漏洞和监管盲区不可避免。第三,市场监管范畴与规则不明确,监管能力不足。市场监管的对象看似明确,实则不清晰。现实的社会经济生活复杂多样,涉及市场活动的要素众多,这就使监管的任务极其庞杂,仅狭义的市场监管(工商行政管理)的监管职能就多达20项左右。成百上千个行业,成千上万个市场要素,两两相乘使市场监管工作任务相当繁重,监管部门疲于奔命仍不免漏洞频出,监管能力大打折扣。第四,市场监管方式具有被动性、临时性和成效不确定性的特点,长效机制尚难建立。市场监管是只注重表面性、阶段性的粗放型的"灭火式""突击式""运动式"的监管,而不是建立在探索规律、注重长效机制基础上的监管,难免造成监管的被动性、临时性,甚至盲目性,这种方式终会使监管工作捉襟见肘,治标而无法治本。第五,监管部门自身缺乏有效监督与制约,

"监管俘获"现象依然存在。监管客体的复杂性和监管工作的专业性，使监管部门权力集中却权责不清。法律制度的不健全和监管技术条件的不成熟，良性监管环境仍尚待建立等原因，导致监管者"被俘获"现象时有发生。"谁来监管监管者"始终是监管领域需要重点解决的问题。第六，社会力量参与的激励机制和制度不完善，政府行政部门的错位、越位、缺位现象依然严重，中介力量和行业组织的发展空间依然有限，社会参与的力量依然薄弱，多元主体的地位几无平等可言。主张社会力量发挥作用却缺乏扬弃政府管制的勇气，不能提供多元共治的环境与相应的制度和法律保障，在这种情况下，多元共治的新型市场监管模式只能成为改革的理想而无法成为改革的实践。实现多元共治，仍需要寻求体制、机制的新突破。

二、多元共治的理想与现实：对食品安全市场监管体制改革的分析

多元主体参与的市场监管改革局面已初步形成，共同合作治理的改革理念也成为主要的改革取向。然而市场监管的实际情形到底如何，通过对食品安全领域市场监管的分析，我们可以对这一模式的理想与现实管窥一斑。

食品安全市场监管改革已成为社会关注的焦点之一。食品安全危机不仅危及人的健康乃至生命，也关系到经济社会的协调发展和稳定，会影响民众对社会和政府的信任。近年来，食品安全问题引起我国政府的高度重视。然而，在食品安全事故频发的今天，监管理想和现实之间的差距不仅令人扼腕，更值得理论界和实务界乃至全社会深刻反思和总结。

（一）我国食品安全监管的体制变迁与现状

伴随着人们对食品安全的认识，从"粮食安全""食品卫生"再到对"从农田到餐桌"的安全生产体系的建构，我国的食品安全监管也经历了不同的历史阶段，形成了不同的体制。与中华人民共和国成立之初的食品

卫生管理的初创时期、食品卫生管理的发展期到食品安全监管的转型和发展期相配合，食品安全监管体制也完成了计划经济时期卫生部门对食品卫生的监督管理体制到现阶段多个部门齐抓共管的食品安全监管体制的过渡。

改革开放以后到1995年我国《食品卫生法》正式实施之前，我国的食品卫生监督管理采取的是以食品卫生部门监管为主的体制，依据《食品卫生法（试行）》（1982年通过），县级以上卫生行政部门所属的卫生防疫站或食品卫生监督机构执行国家食品卫生监督的职责。总体来看，这一时期各级卫生行政部门对食品监管仅起领导作用，由卫生防疫站来代表行政执法，权威性不高，也不太符合法理。但由于这一时期初步建立了一支相对专业的食品卫生监督队伍，确立了一套严密的食品卫生法律体系，加之商品市场刚刚活跃，食品安全恶性案件极少，食品卫生监督事业得以快速发展。

随着我国经济形势的快速变化，《食品卫生法》颁布以后，食品卫生的执法主体日渐回归，食品卫生的安全标准日益严格。质量技术监督局、出入境检验检疫局、药品监督管理局等部门介入食品安全监管领域，多部门监管的体制初步呈现。以实行综合监督和组织协调为主要职能的国家食品药品监督管理总局的组建，标志着我国食品安全工作迈入了综合监管与具体监管相结合的新阶段。

经过一段时期发展之后，为避免多头管理，2004年9月国务院颁布《关于进一步加强食品安全工作的决定》（国发〔2004〕23号），确立了"一个监管环节由一个部门监管"的原则，采取"分段监管为主、品种监管为辅"的方式。不同政府职能部门各自负责食品链的不同环节。监管主体包括卫生部门、农业部门、质监部门、食品药品监管部门、工商行政管理部门等。文件明确要求，农业、发展改革和工商管理等部门按照各自职责，做好种植养殖、食品加工、流通、消费环节的行业管理工作。尽管这份文件对食品安全的监管体制做了统筹，但这一体制显然并没能克服多头管理的弊端，以致当年相继发生"红心鸭蛋""有毒多宝鱼""瘦肉精"

等事件,成为改革不彻底的例证。在这一体制模式的运行中暴露出部门之间的协调性问题、中央与地方的关系问题,以及社会力量作用发挥问题,仍需要安全监管体制进行新的改革。

2009年2月28日,几经修改的《食品安全法》获全国人民代表大会常务委员会通过,进一步调整了监管体制,明确了各行政部门的监管职能,力图改变长期以来卫生、质监、工商、药监、农业等多头管理、职能不清的监管局面,并设立食品安全委员会,建立食品召回制度,统一食品国家标准,确立民事赔偿优先原则等。新的《食品安全法》体现出我国食品安全监管从理念到模式的重大转变,标志着食品监管的法制建设迈上新台阶,对解决当前食品安全问题提供了新的体制框架和法律制度保障。2010年2月,国务院食品安全委员会正式设立,其作为国务院食品安全工作的高层次议事协调机构,切实加强了对食品安全工作的领导。我国在加强食品安全监管方面向前迈出了一大步。

(二)我国食品安全监管多元共治的现实挑战

《食品安全法》的出台和国务院食品安全委员会的设立并未完全解决食品安全问题。2009年年末,上海和陕西"三鹿毒奶粉再度入市"事件、海南"毒豇豆"事件再次让我们看到我国食品安全监管的"体制之痛"。实行单一行政体制内"多元共治"的治理模式依然面临着巨大挑战。

1. 行政体制内部多元主体有机参与不足

尽管对食品安全监管体制进行了一系列重大变革,目的是加强食品链中每一环节的管制力量,但食品监管是一项复杂的系统工程,任何一个环节出现问题,都有可能引发食品安全危机。现代市场活动的多样性、复杂性、动态性、私密性的特点同样适用于食品生产、流通、消费等诸领域。各环节、各领域显然也并不是独立、连续、平行没有交叉的,"一个监管环节由一个部门监管"的原则和多头分段监管的体制显然忽略或漠视了这一明显的事实。食品监管领域"七八个大盖帽管不住一头猪"的现象是这种多部门齐抓共管体制模式的生动写照。多元而难共治彰显行政体制内部多元主体有机参与的不足，使得各职能部门的参与也不可能发挥出优势整合的力量。问题的关键不在于政府体制内主体的增加或精简，而在于各部门之间应该如何有机地参与和合作。此外，是否将多个部门回归为一个部门或建立大部制的食品安全监管机构就解决了问题也是值得商榷的，原因在于现代市场活动的特点不会因为单一部门或多个部门结构或体制的变化而发生变化。

行政体制内部多元主体有机参与的不足原因至少来自两个方面，一是监管过度，二是监管不力。监管过度表现在由于每个食品安全监管部门都希望自身利益最大化，所以通过部门立法努力维护自身权力，从而使公共权力部门化，其结果必然导致对食品链条上的管制客体的监管过度和监管争夺，造成部门权力和机构的扩张，各平行职能部门之间产生一种竞争张力而非平等协调的合作关系。监管不力体现在分段管制的体制中，各监管部门对于超出本部门本环节的监管内容缺乏权威专业的能力，由多个部门共同监管时存在"搭便车"现象，因此在进行跨部门、跨行业和跨专业的联合管制时，出于自身利益和责任的考虑，各个部门往往消极怠工、推诿扯皮，大大降低了管制效率。"三鹿有毒奶粉"的出现充分地证明了这一点。"无缝隙监管"的漏洞之大令人瞠目。

2. 行政体制外部多元主体有效参与不充分

虽然行政体制外部的市场组织和社会力量在市场监管领域发挥各自作用方面有着各自的优势，但它们的力量显然没有受到足够的重视，"第三只眼"黯然无光。在食品安全市场监管体制内，存在"多头管理""分段管理""综合管理""具体管理"，市场组织和社会力量并没有占据一席之地。虽然我们知道大量的食品安全问题是首先由公民举报和媒体曝光的，甚至是企业为维护自身信誉和坚持社会责任而主动反映的，但对这种社会性监管并未建立有效的激励机制和保障制度，行业组织、社会团体有效参与的力量明显不足，对于媒体的控制和干扰未曾减弱。毋庸讳言，在现有体制中，我国社会组织的发展还很不成熟，政府管制和行政力量强大，干预干扰市场活动和社会力量监管的现象依然存在，各主体缺乏充分的尊重、信任和良好的沟通。尽管存在着行政体制外部的市场监管主体，但其自身力量薄弱，缺乏有效的激励和运行机制以及良好的制度环境，因此，多元主体参与的有效性大大降低。

3. 多元共治模式治理能力受现实局限

治理能力与治理需求之间存在的差距构成治理能力的局限。即使多元共治的体制真正地确立起来，也并不能解决变动的治理环境中的各种问题。多元主体之间的协调能力，共识达成的成本消耗，多元主体的不稳定性和外部环境的不确定性，都是对这一模式的严峻考验。即使体制内部和体制外部的力量全部被动员起来，这一框架也仍然要面对内部利益冲突不断调整，效率有待提高的难题。再有，政府职能部门过多的权力让渡引起的国家空洞化和社会力量过于分散引起的社会碎片化都将使这一模式的治理能力大打折扣。分散化的社会力量同样不能满足社会公众对政府责任的要求。就食品安全监管而言，食品安全委员会的成立正逢其时，也许能够在分散力量的整合、利益冲突的协调，以及食品安全工作的指导和统筹等方面发挥重大作用，但如果依然停留在体制内的管理层面而不能对国家权力的行驶和让渡划出清晰的边界，对社会力量的整合不能提供制度和环境的保障，则"体制之痛"无法药到病除。为了提升合作治理的能力和有效性，各主体之间尚需经历动态、长期、不断磨合的过程。

（三）我国食品监管有效合作的体制和运行机制

解决食品安全监管的现实困难，既需要监管体制的深度调整，也需要运行机制的深化改革。按照多元共治的改革思路，首要的任务是推动政府内部多部门的优势整合，在行政体制内部，重点解决好分段监管体制中的衔接问题，应在"分治"为主的基础上增强"统合"的力量。国务院设立食品安全委员会，目的就是从更高层次指导和协调食品安全工作。各级卫生行政、农业行政、质量监督、工商行政管理、食品药品监督管理部门要按照《食品安全法》和国务院的规定确定本级的食品安全监督管理职责，做好本职工作。在运行机制方面，为确保"从农田到餐桌"的链条不断裂，要建立健全全程监管的机制，要充分发挥"统合"的力量，注重卫生行政、农业行政、质量监督、工商行政管理、食品药品监督管理部门监管机制的有机构成，相互协作，相互配合，在各自尊重和理解的基础上，重视共同利益和公众利益，约束自身的不合理要求，加强沟通，密切配合，依法行使职权，承担责任。其次，在行政体制外部，创造社会力量的成长环境，打造"合"的文化，寻找"合"的方法。既要有沟通交流的平台和基础，又要有化解矛盾冲突的办法。只有将各种力量通过市场监管权力的科学配置形成有机的整体，才能发挥其监管效能，即只有发挥各主体的优势和作用，实现多元主体的协同合作、共同治理，市场监管才会系统、科学、全方位、无缝隙。最后，这种合作共治的运行机制的建构，需要政府营造社会参与的环境与制度。要培育、指导社会中介组织快速成长，为媒体监督和群众举报打开顺畅的通道，使各主体获得平等的地位；要有良好的激励机制，以解决不同社会主体的动力问题；要有透明的信息公开和行政问责机制；要维护法律、制度的刚性。

三、结语

基于经济和社会发展的新形势和现代市场活动的新特征，从治理的理论视角出发，面对"市场失灵"（Market Failure）和"政府失灵"（Government Failure）的客观存在，形成多元共治的市场监管模式成为改革必然。政府部门、行业组织、社会力量因处在不同的环境中和具有各自的优势，具有较少的利益冲突和责任压力，拥有共同的社会目标，更易形成有效的社会合力进行市场监管。因此，推动和实现"政府主导、行业自律、社会参与、协同共治"的市场监管新模式，不仅要发挥各市场监管主体的优势和作用，促进各主体协同合作，更要清晰地认识监管理想与现实困境的差距；要充分注重多主体参与的有机构成和实现共同治理的效果，分析其体制、制度障碍和解决途径，这样各行为主体的平等合作与协同共治才有可能，才有保障。

参考文献

[1] 刘智勇．柔性组织网络建构：基于政府、企业、非营利组织和公民参与的公共服务供给创新模式研究［J］．公共管理评论，2008（6）：165－177．

[2] 陈振明．公共管理学原理［M］．北京：中国人民大学出版社，2003：78．

[3] KOOIMAN J. Governing as governance［M］. London：SAGE Publications，2003：3.

[4] KOOIMAN J, BAVINCK M. Fish for life：interactive governance for fisheries［M］. Amsterdam：Amsterdam University Press，2005：18－26.

[5] LIU Zhiyong. Constructing flexible organizational network［J］. Review of Public Management，2008（6）：165－177.

[6] CHEN Zhenming. Principles of public management［M］. Beijing：China Renmin University Press，2003：78.

社会共治的内在机理与食品安全社会共治的复杂性挑战[*]

【摘要】 社会共治是当代治理理论谱系的重要内容之一,是一种多元合作共生的制度创新。众多的利益相关者按照利益共享、风险共担的原则,根据自身优势和渠道,从不同的角度参与到这一柔性、开放、动态的系统中来,从而形成各种复杂的依赖关系,构成复杂的组织网络。但不容忽视的是,由于信息不对称、认知有偏差、各自利益诉求和资源供给存在差异,共同治理颇具不确定性和复杂性,甚至面临失败的风险。食品安全社会共治理念和原则的提出是为应对政府单一主体治理困境和监管的碎片化,是食品安全领域的管理理念和制度的创新。治理对象的复杂性、参与主体的多样性、主体关系的复杂性和治理过程的复杂性,使社会共治本身也成为非常复杂的活动,而各种外在和内在环境的变化影响,使问题更加复杂。充分认识食品安全社会共治的复杂性,有助于制度创新的不断推进、治理能力的提升和治理目标的实现。

一、社会共治的内在机理与复杂性

社会共治是当代治理理论谱系的重要内容之一,是一种多元合作的制度创新。"社会共治"是吸收多中心治理、合作治理思想和新公共行政思

---

[*] 该文初稿入选2016年国家食药总局主办的"第二届食品安全博士后论坛",获得优秀论文奖。部分内容发表于《中国市场监管研究》(2016年第2期)。

想，以国家社会关系理论为基础，在应对公共问题过程中产生的一种新的理论工具和分析视角。治理理论经典作家简·库依曼认为，面对多样、动态、复杂的社会公共事务，没有任何一个机构或个人拥有足够的知识和资源解决所有问题。仅靠单一的政府的力量已经无法满足日益增长的公众需求，必须创造一种新的、伙伴关系的模式来共同应对和解决①。因此公共事务的处理和公共服务的供给不得不依赖众多的社会行动者（social actor），他们通过交换彼此有限的资源而共担风险、共享收益，通过谈判达成一致从而采取有效的集体行动。社会共治包含六个方面的特征：①主体多元；②是柔性、开放、复杂的互动系统；③利益旨趣相同或接近，能够达成共识和采取集体行动；④以优势互补、利益共享、风险共担为前提；⑤是协商、对话、竞争、妥协、合作的持续互动过程；⑥以公共利益和共识目标实现为产出结果②。相对于宏大的治理理论，"社会共治"思想更加注重激发社会的活力和多元主体的民主参与，注重社会多元主体的良性互动以及共识目标的实现，注重政府力量和社会力量的有机统一、相互补充、相互协调、相互促进，注重治理共识的确立以及参与主体的平等、主动和协商，注重治理系统的开放性和治理过程的持续性。特别是在"政府失灵"和"市场失灵"领域，倡导社会不同主体作为相对独立的力量或重要的补充力量参与到公共服务供给中来。这就要求社会多元主体（不同的社会行为者）在利益共享、风险共担的前提下为了公共目标而共同努力。

众多的利益相关者根据自身优势和渠道，从不同的角度参与到这一柔性、开放、动态的系统中来，从而形成各种复杂的依赖关系，构成复杂的组织网络。但不容忽视的是，由于信息不对称、认知有偏差、各自利益诉求和资源供给存在差异，共同治理颇具不确定性和复杂性，甚至面临失败

---

① 刘智勇．柔性组织网络建构：基于政府、企业、NPO、市民之间参与与合作的公共服务供给机制创新研究［J］．公共管理研究，2008（2）．

② 王名教授等在《社会共治：多元主体共同治理的实践探索与制度创新》（载《中国行政管理》2014年第12期）中对社会共治总结了四点特征。笔者对此进行了修正和补充，认为：利益旨趣相同或接近、能够达成共识和采取集体行动是社会多元共治的本质，而优势互补、利益共享、风险共担是共治的前提，否则，共治无法形成良性互动，产出将偏离共治目标。

的风险[①]。治理对象的复杂性、参与主体的多样性、主体关系的复杂性和治理过程的复杂性,使社会共治本身也成为非常复杂的活动,而各种外在和内在环境的变化及影响,使问题更加复杂,对此我们需要认真研究和充分认识。

由于我国在发展市场经济过程中面临着很多和西方现代社会相似或相同的问题,其治理理论的发展和应用在我国也具有相应的经济社会条件和一定的适用性,因而得到理论界的重视和实务界的探索,治理理论成为政府管理改革和变革的重要理论思想。我们在认识到这一制度创新的优势的同时,还要对其内在机理有清晰认知,对治理体系的复杂性进行深刻剖析,这样才能真正有助于治理目标的顺利实现。

二、社会共治是食品安全领域国家治理的制度创新与有益探索

长期以来,我国实行的是以政府职能部门监管为主、食品品类监管为辅的食品(卫生)安全监管一元治理结构,经历过分段监管、统合监管等多次分分合合的体制机制改革。随着经济—社会结构的转型和市场经济的发展,食品种类呈现多样性,食品供给逐渐丰富,食品质量和安全问题成为社会普遍关注的问题,也给食品安全监管带来了巨大挑战。近年来爆出的一系列食品安全丑闻反映出传统的监管体制已无法适应社会对食品监管的需要。以2009年《食品安全法》的出台和后续改革为契机的食品安全监管体制机制改革,在管理体制、管理机制、监管权责、法制保障等多个方面进行调整和细化,呈现出一定程度的"整体性治理"取向。但由于食品安全监管对象具有多样性、食品关联产业具有复杂性,加之市场经济法律制度不完善,"毒大米""瘦肉精""牛肉膏""塑化剂"等五花八门的食品安全事件仍然层出不穷,偏于理想化的"食品安全无缝隙监管"依然面临诸多现实难题。无论是"九龙治水"的分段监管模式还是"一龙治

---

① 杰索普. 治理的兴起及其失败的风险:以经济发展为例的论述[J]. 国际社会科学杂志:中文版,1999(1).

水"的大部制模式,始终没有根本解决"多个部门管不好""一个部门管不了"的体制机制问题。虽然新闻媒体和社会力量在食品安全监管中的监督、举报作用越来越明显,但食品安全监管仍未突破政府主导的一元管理体制和治理结构的局限。

食品安全监管"体制之痛"与"机制之殇"如何破解,亟须传统思想的突破和新理念、新工具的支持,需要一系列能够解决当代社会现实问题的法律、规则或规范、制度的推陈出新。在这一过程中,制度创新就显得愈发重要。进入 21 世纪,在公共管理改革理论扬弃过程中产生的"多中心治理""合作治理""跨部门治理""整体性治理"的理论思潮,作为应对政府治理"断裂化""碎片化""空心化"现象的理论工具,强调多元主体协同治理,得到理论界和实务界的广泛认同,为我国食品安全领域的监管改革提供了一种有益的思考。食品安全社会共治突破和超越了政府单一主体管理的体制模式,能够激发出社会力量和市场力量的主动性和能动性,是一种符合现实需要的制度性变迁。2009 年以后,我国政府先后建立了从中央到地方的食品安全监督管理委员会,加强了政府系统内部的协调和跨部门协同治理,多部门合作治理和多中心治理逐步展开。

中国共产党第十八届中央委员会第三次全体会议结合我国经济社会发展现实和丰富的社会实践,对治国理政进行了新的制度设计,提出加强国家治理体系和治理能力现代化的指导思想,"强调必须更加注重改革的系统性、整体性、协同性"[①],彰显了现代社会公共治理的精神,进一步解放了思想,指明了制度变迁的方向和路线。首先,从中央决策层面跳出传统的国家一元管理和统治的思维定式,实现对传统管理体制和思维的突破,展现出多元治理的思维逻辑。到 2013 年,在食品安全领域,中央进一步提出了"构建企业自律、政府监管、社会协同、公众参与和法治保障的食品安全社会共治格局"的思路,强调将企业、政府,以及社会不同职能、性质的组织的积极性激发出来,将市场和社会的活力激发出来,在指导思

---

① 新华社. 中国共产党第十八届三中全会公报[EB/OL].[2013-11-14]. http://news.xinhuanet.com/house/tj/2013-11-14/c_118121513.htm.

想和基本思路上突破了传统思维束缚,社会共治的理念逐步确立起来。新的食品药品监管行政部门的组建,使监管责任更加清晰,监管法制化进程加快。2015年,新版《食品安全法》中食品安全社会共治理念的提出和原则的确立,在法律和制度层面对单一主体治理困境提出新的思路,更加重视社会多元主体的力量,而不仅仅重视法律法规的完善,也是我国食品安全监管经过多年的探索和改革后在体制和机制上的新突破,是为应对社会变化和解决现实难题而产生的管理理念和管理制度的新变化,是一种制度创新和有益探索。

三、食品安全社会共治的复杂性挑战

复杂的社会公共问题呼唤制度的创新,制度创新的推进也有赖于对复杂问题的清晰认知。制度创新需要共识的逐步达成、认知的不断深入、工具的不断丰富、效果的逐步积累,是一项系统工程。食品安全社会共治体系的建构和目标的实现不可能一蹴而就,也是一个长期的、复杂的、动态的过程,需要在共识、认知、制度措施和法制建设方面不断丰富。

(一)治理对象的复杂性

食品安全社会多元协同治理的对象似乎很明确,那就是食品安全,但实际上食品安全的内涵非常丰富,概念边界具有很大的模糊性和不确定性。一方面,食品生产经营上下游产业庞杂,链条颇长,受自然环境和社会环境影响大;另一方面,食品安全与社会经济发展阶段、消费人群及其消费偏好、消费能力密切相关。因此,看似明确的治理对象,因其自身内涵和范畴的复杂性而变得非常复杂。食品安全的治理的确是现代社会的棘手问题,远不如针对一种实物或一个事件的治理那样简单。

按照联合国粮农组织(FAO)和世界卫生组织(WHO)等国际性组织的基本界定,微观的安全食品至少应该符合三个基本标准:无污染、无

公害、健康营养。如何检验食品是否达到这些基本标准,是一个复杂的问题。单从无污染、无公害的角度出发,既要考虑食品原料产区土壤、水、空气等种植、养殖的自然环境,农药化肥的质量和使用情况,又要考虑在初级产品加工、流通过程中的社会环境和从业人员素质,还要考虑化学工艺和食品添加剂问题。目前,我国已实施食品质量安全市场准入管理的食品共28大类,约400种小类;制定食品安全国家标准5 000余种,有近万项指标;食品添加剂有2 400多种,食品营养强化剂有200余种;食品生产和经营主体有约2亿农户、40多万个食品加工企业和300万个作坊以及大量的销售渠道和部门。即便不谈健康营养,在无污染、无公害方面的监管、检测和抽检就存在人力资源不足、设备不足、专业能力不足、检验标准及执法标准不统一等诸多困难。目前我国的土壤环境、水环境和大气环境污染问题较为严重,从源头影响着农产品和食品安全质量,化肥、农药、添加剂等的不合理使用对食品质量和安全也造成潜在威胁。工业化过程中化工技术和产品的大肆应用,对环境造成巨大破坏,严重侵蚀了农业和农产品。不法商贩的逐利心理和短期效应也在很大程度上影响着食品安全与质量。此外,在我国现阶段,农业生产方式还存在低、小、散、乱现象,城市和广大农村还存在着一定数量的低收入群体和贫困人口,发展的阶段性以及消费水平、消费习惯和消费能力等决定了食品安全问题的复杂性。因此,认识到治理对象本身的复杂性是认识社会共治必要性的前提之一,也是认识食品安全社会共治复杂性的基本前提。

(二) 治理主体的多样性与复杂性

食品安全内涵的丰富性和复杂性,使得单一的政府主体无法独立完成治理任务,因此社会共治原则倡导社会多元主体的参与。新版《食品安全法》提出,新闻媒体应当开展食品安全法律、法规以及食品安全标准和知识的公益宣传,并对食品安全违法行为进行舆论监督,任何组织或者个人有权举报食品安全违法行为。将食品行业协会、消费者权益组织、新闻媒体和公民等各种社会行为者(social actor)纳入食品安全监管体系,积极鼓励政府系统之外的不同力量共同参与食品安全宣传、教育、监督、举报，体现了社会共治的原则。

实际上，在"从农田到餐桌"的食品链条中，存在着各种各样的利益相关者，如食品原料供应者、食品生产者、食品经营者、食品消费者、安全标准制定者、监管者、立法者、执法者、消费者权益保护组织、食品行业协会、广告及虚假广告制作者、舆论监督者、职业打假人、积极公民等，直接相关者大约有14类。同时，还包括环境污染的治理者、农业要素的管理者、食品流通过程中的组织者等非直接相关者。食品安全链条如此长，哪个环节出了问题都可能造成对食品安全的危害。这就需要政府系统（农业、卫生、质检、食药监、工商、公安、宣传、防疫检验、出入境管理等）各职能部门和社会系统（消费者、消协、食品行业协会、新闻媒体、职业打假人、积极公民等）各社会行为者之间合作互动和广泛参与。

认识到社会共治主体的多样性，只是问题的一个方面。共治系统的开放性和组织弹性，非强制性约束力，不同社会主体的加入和退出的自由，使共治系统成为一种柔性、开放、动态的组织网络。各主体之间各自任务和利益诉求不同，针对食品安全治理所扮演的角色也有所不同，其资源供给与集体行动的路径也不尽相同，因此，共治主体不仅多样，而且复杂。

（三）治理主体关系的复杂性

社会共治体系中包含着诸多的利益相关者或社会行动者。从理论上讲，共治网络中的各参与者摆脱了权力控制或权力依赖关系，是相互平等、各自独立的权力主体，主体之间的关系是弹性的、非强制的合约关系。尽管各利益相关者存在各种不均衡的利益诉求，也可能为了共同利益和公益目标形成良性互动，但现实中，政府系统内部存在的部门利益、机会主义、信息壁垒可能阻滞良性互动的形成，"被俘获"的政府职能部门或人员也可能破坏公益而成为不实信息的发布者，公民有价值的举报线索有可能被掩盖或置之不理。同时，社会系统中强大的行业协会组织也可能因私益成为共治体系中良性互动的障碍,食品领域的"职业打假人"可能成为良好共治秩序中的不和谐因素,消费者权益保护组织可能因为付出各种努力也无法实现组织目标而被迫中途放弃,因此,在参与的过程中各主体不是孤立存在的,而是发生着各种各样的联系,这种相互依存、竞争、合作、博弈的互动状态,使各主体间的关系具有复杂性。

以行业组织(行业协会)与政府的关系为例:不能天然地认为行业组织就是为公共利益服务的组织。行业组织本质上是为行业内会员服务的,在很大程度上是为组织私益服务的。就组织目标及其价值实现而言,这是无可厚非的。社会公益性也是其组织目标之一,但显然不是全部。基于食品种类的多样性,我国食品行业组织众多,包括乳制品、肉类、葡萄酒、调味品、罐头、饮料等行业协会。在我国特定政治体制和经济社会环境下,我国的食品行业性组织与政府存在着各种联系,成规模的行业组织多数为政府部门的从属机构或与政府存在依附关系,保持着较强的公益性质。例如,中国食品行业协会在食品安全法律法规和食品安全标准体系建设工作方面,在行业自律和规范生产经营行为、保证食品质量和安全方面发挥了重要作用。但在某种程度上,行业组织也不可避免地保护着行业利益,甚至成为强大的利益集团,部分地影响着政府决策,或多或少地存在过或存在着"监管俘获"现象。国内著名的奶制品、肉制品品牌企业在食品安全领域出现的问题,很大程度上和相关食品行业协会职能未能很好发挥有关,也影响着行业协会的社会公信力。即使在行业协会和生产经营企业之间,也存在着复杂的(监管、服务、合作、共谋)互动关系。在食品安全社会共治的治理体系和共治过程中,应当清晰地看到这一点:政府以及其他社会主体与行业组织的关系是服务、合作、监管、博弈、共赢的关系,要通过不断地沟通交流和相互妥协找到利益契合点,要能为了公益达成共识和采取集体行动。认清主体间关系的错综复杂,有利于采取相应的措施,充分激发各参与主体的活力和积极性,避免出现不利于共治目标实现的行为。

（四）共治过程的复杂性

主体间关系的复杂性，使得共治的过程变得极为复杂。多元主体的共同参与，不是简单的力量叠加，也并不能保证顺利实现共治目标，只有多元主体优势互补、良性互动，发挥出共治的合力或合作相乘效果(synergy，也译为协同增效)，才真正有利于共治目标的实现。而这一力量的迸发，无疑是一个复杂的互动过程。食品安全的社会共治，需要国家、市场、社会三个系统的良性互动，既需要政府部门监管责任和企业社会责任的共同落实，也需要行业组织的自律和社会组织的他律共振增效，还需要市场机制和公共精神的相互融合，需要经济、社会、环境、法律、科技、管理等各种要素的共同作用，既有多元主体的有序参与、良性互动，又有利益博弈、理性制衡。在这一过程中，既要吸引和支持社会主体主动参与，又要看到消极参与和积极性不高的问题；既要避免不同主体间形式合作的问题，又要在制度建设上保障实质合作。在食品安全治理过程中，多元主体社会共治的动力如何激发？利益如何共享？风险如何分担？激励机制、权益保护机制、冲突解决机制、利益补偿机制、协调沟通机制如何建立？良性互动如何实现？这些问题不仅需要我们进行深入的理论探讨，也需要我们不断地在实践中总结经验。

参考文献

[1] 王名，蔡志鸿，王春婷. 社会共治：多元主体共同治理的实践探索与制度创新 [J]. 中国行政管理，2014（12）.

[2] 杰索普. 治理的兴起及其失败的风险：以经济发展为例的论述 [J]. 国际社会科学杂志：中文版，1999（1）.

[3] 辜胜阻，王建润. 激发社会力量 共治食品安全 [N]. 经济日报，2015-11-12.

[4] 邹吉忠. 现代社会与制度创新的复杂性思考 [J]. 天津社会科

学,2006(3).

[5] 蓝志勇. 政府管理创新的瓶颈因素及其分析 [J]. 学术研究,2006(3).

[6] 石巍. 社会共治体系建设是解决我国食品药品安全问题的"良药" [N]. 中国食品安全报,2014-01-14.

我国农产品批发市场食品质量安全监管研究：议题、重点与方向[*]

【摘要】 加强农产品质量安全管理，把好批发市场农产品质量这一关，可以大大提升监管效能，节省食品安全监管中、后端的行政成本和监管资源。我们实地考察农产品批发市场质量安全监管并分析梳理相关研究发现：在批发市场农产品质量安全管控实践上措施、手段不断丰富，监管体系日臻完善，但也存在理念陈旧，能力、资源不足等诸多问题；研究成果日趋丰富、多元化，但重复和同质化严重，研究系统性、持续性和创新性不足。加强批发市场基础设施建设，完善安全管理体系，健全冷链物流管理，加大物联网技术和信息化建设，推进农地对接，加大协作式供应链建设等，对于保障农产品质量和食品安全都极为必要，研究需进一步深化和拓展。

一、引言

农产品质量直接关系到人民群众的身体健康和安全，是食品安全监管的重要内容和安全防控的重要源头。农产品实现"从农田到餐桌"，要经历种植（养殖）、生产、流通、交易、消费等多个环节。其中，流通环节是农产品产销衔接的关键，也是农产品进入消费者手中的重要一环。据不

---

[*] 本文写于2016年9月，未公开发表。研究生钟月明同学搜集整理了大量资料，对本文亦有较大贡献。

完全统计，全国70%以上的农产品经由农产品批发市场进入各种分销渠道或消费者的"菜篮子"。可以说，批发市场既是衔接农产品生产、流通、交易的重要纽带，也是食品安全风险防控的一个重要关口。解决好批发市场环节的农产品质量安全问题，能够促进供应链前端原材料的规范化生产和初级产品的规范化加工，也能够减少供应链中、后端的加工、制作、消费等环节的风险，为食品安全监管工作节省大量的资源和成本。因此，对批发市场交易模式下的农产品质量安全管控问题进行研究，对提高食品安全监管效能具有重要意义。

二、基于批发市场的农产品质量安全管控研究：回顾与梳理

（一）研究回顾

"食品安全问题"是学术界研究的重点、热点话题。经过梳理发现，21世纪以来，批发市场交易模式下的农产品质量安全管控研究积累了丰富的经验。以"农产品批发市场食品质量安全监管"为主题，在中国知网文献库中进行精确检索发现：2001年1月1日至2017年7月21日，共有816条相关数据，包括408篇期刊论文，52篇博士论文，197篇硕士论文，重要报纸报道142篇，重要会议论文17篇。将816篇文献根据中国知网提供的学科分类标准进行分类统计可知，文献发表数量居于前三位的学科依次是"农业经济"（500篇）、"宏观经济管理与可持续发展"（196篇）和"市场研究与信息"（131篇），文献发表数量较少的学科包括"园艺"（5篇）、"农业基础科学"（7篇）等。综合来看，对于"农产品批发市场食品质量安全监管"问题的研究，已不再局限于从单一学科视角来进行探讨，不同学者之间观点的碰撞使得研究成果"多元化"的倾向越来越明显。

从主题文献发表的年度分布趋势来看，2006年以前有关"农产品批发市场食品质量安全监管"的研究成果较少，2006年以后研究成果逐渐丰

富。结合当时的社会背景来看,2005年爆发的"孔雀石绿"海鲜产品事件在一定时间、范围内产生了较大的社会影响,开始引发全社会对于典型食品安全问题的广泛关注。经过1年时间的酝酿之后,对于农产品安全问题的关注和重视在学术研究中得以体现。综合来看,2006年至2016年10年期间,对"农产品批发市场食品质量安全监管"这一主题的研究整体呈现出线性增长的趋势。可以预见,未来随着生产生活水平的提升和消费者饮食健康意识的觉醒,对于该话题的关注和研究将持续深入。

(二)研究的主要议题

1. 农产品批发市场功能、定位问题

刘雯等(2010)认为,从农产品批发市场的定位和作用而言,它在农产品供应链中实质上承担着核心企业的角色,能够有效地弥补农产品供应链管理的特征缺陷,在"为农产品供求双方提供信息对接""为集散农产品提供便捷的交通条件""为农产品供应链资金流的连续性提供第三方监督""为农产品批发商提供加工交易场所"等方面发挥着重要的作用。

张敏(2010)指出,从实际情况来看,大多数农产品批发市场都面临着"货源供给分散性大,稳定性差,以短期交易为主"等问题。农产品质量安全信息的反馈回路不畅通加大了质量控制的难度。从供应链管理的角度来看,批发市场既是整个供应链的核心,也是整个供应链最薄弱的环节。

石锐(2008)认为,外部性和信息不对称所导致的"市场失灵"是破坏市场秩序,进而带来农产品安全隐患的重要原因,因此,应抓住食品供应链的源头——农产品市场,通过建立完善的农产品市场秩序来达到解决"市场失灵"问题和保障食品安全的目的。

2. 农产品批发市场运行、发展、建设问题

(1)市场发展现状方面。卢凌霄、周应恒(2010)认为,我国农产品批发市场的特点是"平均交易规模迅速扩大,产地、销地批发市场发展速

度各异""市场运行机制以现货、现金交易为主,批零兼营相对比较普遍""批发市场功能由产品集散、辅助流通向价格决定、质量监控发展"。未来的批发市场的交易规模将持续扩大,同时向现代化、规范化、集团化、企业化方向发展。

依绍华(2014)的研究表明,我国农产品批发市场面临着"缺乏统一规划""农产品质量安全检测负担较重""农产品缺乏生产品牌和标准分级"等问题。

(2)冷链物流方面。马增俊(2014)认为,我国果蔬、肉类、水产品的冷链流通率极低,不少在生产、屠宰、储藏环节采用低温处理的产品,在运输销售阶段出现了"断链"现象。冷链流通率低的主要原因在于全程冷链成本高而投资回报率低,使价值无法实现。

秦昊、刘田青(2013)等以北京市农贸批发市场为例,指出其鲜活农产品的冷链物流存在"宏观引导不到位""冷链物流系统观念和整体规划欠缺""冷链系统信息化体系不够完善"等方面的不足。

(3)信息化建设方面。谷有利、吕贵兴(2009)认为,信息化是农产品高效流通和产地批发市场建设的基础条件,但我国农产品批发市场建设的信息化程度较低,处于典型的初级运营水平。

赵友森等(2010)对北京市农产品市场信息体系建设的经验进行了总结,指出未来北京市农产品市场信息体系的发展将朝着"农产品市场信息监测广域化、采集标准化、行程电子化和预警智能化"方向发展。

(4)流通效率优化方面。苏威(2012)认为,农产品流通效率的高低主要取决于批发环节,因此,加强我国农产品批发市场建设是提升农产品流通效率的关键。

李静(2012)以北京市果蔬类农产品为研究对象,说明其在"近京"、"远京"和"基地直供"三种主流流通模式下存在"抽检片面化""质量证明可信度不高""物流配送设备和条件无保障"等问题,同时指出改良传统流通模式,即通过建立大型集散中心、明确货源、集中监测、统一配送来实现果蔬流通的产销联合,进而促进源头治理,这是节约监管成本、减少监管漏洞、提升监管效果的有效途径。

（5）公益性建设方面。刘雯等（2011）认为，公益性农产品批发市场能提供食品安全检测、价格监管、信息反馈、政府应急保障等公共物品，应当成为中国农产品批发市场的发展方向。

李志博等（2015）指出，农产品价格波动、"卖难买贵"、食品安全等问题形成的部分原因应归咎于农产品批发市场公益性的缺失。从经济角度来看，农产品批发市场不履行公益性职能的收益和不被发现的概率越大，逐利行为越明显；同时，风险积累系数越小，越会持续地逃避公益性职责。

张闯等（2015）的研究结果则表明，政府以市场机制为基础，通过与企业订立合约和一系列制度安排，可以很好地解决企业私益性目标与政府公益性目标之间的冲突，实现多赢。

（6）市场升级改造方面。刘闯等（2012）认为，大型和国有农产品批发市场应当从"严格控制进场产品的品质""建立自有品牌的集中加工场所，推行良好生产认证体""信息化管理，透明化监督""打造品牌化、现代化的管理和服务"等方面着手，以改善食品安全问题为契机来提高自身的竞争力。

温卫娟、唐秀丽（2015）研究了北京市农产品批发市场升级改造问题，认为虽然其建设发展取得了一定的成就，但还存在"组织化程度不足""经营模式单一""交易方式落后"等问题，难以完全满足北京市城市经济发展和农产品现代流通的需要，迫切需要进行升级改造。

3. 农产品批发市场产品质量安全监管存在的问题

在市场管控层面，张娣杰等（2009）结合北京市批发市场食品安全管理现状，指出目前的问题主要包括"市场安全管理制度比较完善，但执行力度弱""市场仓储和交易设施较为齐全，但环境卫生问题多""商户的食品安全意识淡薄""购买者关注食品安全问题但缺乏鉴别能力"。

黄飞（2011）认为，农产品批发市场质量安全管理体系建设中普遍面临"抽样检测的代表性差""缺乏农产品质量安全的快速检测标准""客户农产品质量安全意识较薄弱"等典型问题。

刘晓东、周林生（2016）的研究则表明，农产品批发市场食品安全问题的根源在于食品安全责任错配和监管激励不相容，应当通过"完善农批市场自身食品安全管理体系""建立食品安全管理流程并识别关键控制点""深层次改革以解决食品安全责任错配问题"等方式加以解决。

张静、马永泽（2012）分析新疆石河子市西部绿珠果蔬农产品批发市场的调研资料后认为，其在市场监管层面存在"制度执行不规范，监管效力弱"的问题，具体表现为"制度执行缺乏有效针对性""标准化、规范化程度低""市场农产品质量安全信息建设不足"。

在政府监管层面，钱宁刚、杨卫平（2009）以云南省为例进行分析，认为其农产品批发市场质量安全监管存在"市场业主及经营管理者质量安全意识淡薄""管理体制不顺，监管不力""缺乏统一规划，市场多，监管难""农产品市场准入制度不健全""投入不足，市场监管难度大""对不合格农产品处罚难度大"等典型问题。

宫霞、周丽婷（2014）结合上海市批发市场农产品安全监管现状，指出其问题主要集中在"农产品抽检难以精确及时发现质量安全问题""缺乏对经销商进行知识培训""市场卫生环境检查频率过低""过于强调批发市场的盈利性而弱化产品质量安全"几个方面。

李云鸿（2015）研究了北京市丰台区五大农副产品批发市场进京食品安全风险防控机制问题，认为在食品安全输出、输入型风险"双高"的形势之下，丰台区农产品批发市场存在"源头环节管控困难""市场自检室利用率不高""物流配送、贮藏运输环节存在管理漏洞""市场食品安全管理员作用未能充分发挥"等问题。

马同斌等（2013）通过比较京、沪、渝三市农产品发展战略，指出首都农产品发展过程中存在政府监管职能缺失、农产品质量检测技术落后和农产品标准化低的问题。

张红丽、马永泽（2014）的研究表明，政府主导下的批发市场农产品质量安全监管存在四个方面的缺陷：①监管主体方面，中央与地方之间，部门与部门之间存在利益冲突，政府与市场监管主体功能定位的协调不足；②监管依据方面，法律法规的不健全导致批发市场监管功能不完善；③监管措施与手段方面，区域发展不平衡下的市场准入、场内交易、退出市场环节存在差异；④监管效率方面，人才、资金、科技投入力度不够，城乡统筹联动不足。

4. 农产品批发市场主体食品安全认知与行为问题

任燕、安玉发（2009）分别对北京市农产品批发市场经销商、消费者的食品安全认知及行为进行研究，得出结论：①经销商对食品安全问题普遍比较关注，但对相关政策法规的认知程度有限，且对自身的食品安全监管作用认知不足，导致其经营行为不规范，难以对食品安全进行有效控制；②消费者虽然普遍关注食品安全问题，但对目前食品安全缺乏信心，消费者对食品安全的关注程度及其购买行为、市场管理与卫生环境、政府监管作用的发挥都是影响消费者食品安全信心的重要因素。

叶俊焘、胡亦俊（2010）基于"计划行为理论"分析了蔬菜批发市场供应商质量安全可追溯体系供给行为，研究结果表明，与行为态度和主观规范相关的因素以及与知觉行为控制相关的文化程度、经营规模、收入比例和培训情况等客观因素将对供给水平产生显著正向影响。

乔娟（2011）分析了北京市大型农产品批发市场中猪肉批发商对于食品质量安全的认知和行为，指出批发商对于食品质量安全问题的认识严重不足，其认知和行为受到批发商性别、年龄、文化程度、收入水平等个体特征的影响，同时受到市场管理和所处摊位位置等外部环境的影响。

张纪柏等（2014）研究了北京大洋路批发市场商户自检费用的支付意愿，从商户的认识、自检的意愿、检测主体的选择、检测结果的公布形式、单次检测费用的成本和政府承担的检测费用比例等方面进行了调查，提出了"扩大商户自检测宣传""科学制定检测费用支付制度"等对策建议。

周海文等（2017）研究了微观主体食品安全培训问题，认为食品安全培训对于经销商食品安全行为具有三个方面的促进作用：①能促使其积极办理健康证，提升健康意识；②能促使其主动提供产品质量检测报告，提高农产品质量安全的认知水平；③能促使其积极构建购销台账，增强制度执行力。

5. 农产品质量安全的流通模式及管控技术问题

一是研究农产对接问题。丁宁（2015）通过探究流通创新在提升农产品质量安全中的作用机理指出，农产品批发市场和大型超市主导的流通创新有利于提升保质、保鲜和传导功能。

李政（2013）认为，"农超对接"构建了产销一体化链条，缩短了农产品供应链，使得供应链上的相关利益主体形成一种战略合作伙伴关系，有利于超市对农产品供应链进行全过程控制管理，有效地保障了农产品安全。

二是研究农产品安全追溯问题。杨磊等（2009）研究了基于射频识别（RFID）可追溯系统的畜产品供应链安全控制问题，认为在畜产品供应链上的养殖场、市境道口、屠宰场、批发市场、超市等关键节点上设置监管子系统，记录和比对各个关键节点上的信息，能够实现对畜产品的追踪与溯源，进而对畜产品物流安全进行有效控制。

叶俊焘（2010）探索了以批发市场为核心的农产品质量安全追溯系统在建设思路、模式创新及政策支持体系等方面的内容，指出以往的农产品质量安全可追溯体系在实施中普遍存在"运作效率低下""运行成本高""重生产，轻流通"等问题。

肖冰、戴小廷（2015）认为，现有的果蔬农产品追溯系统在实施过程中存在"可追溯行为供给不足且绩效低下""信息获取成本较高、标准化程度差，信息的有效共享不足""强调问题发生后溯源而忽视问题出现前的过程监管"等方面的问题，同时，农产品加工业和现代农产品物流业的发展使得追溯的环节增多，农产品的二次分装更加大了农产品安全追溯的难度。

三是研究物联网技术运用问题。邓永卓等（2011）认为，将智能化识别、定位、追踪、监控和管理的物联网网络应用于农产品监测中，能提高农产品质量安全水平。其中，依托物联网子系统组成农产品物联网质量安全信息系统平台，可以为实现农产品的安全生产、监控提供一种可行、高效的途径；为产品加贴电子标签可加强农产品质量安全控制，建立与"市场准入"和"产地准出"相配套的监管体系则能实现质量安全管理关口前移和源头控制。

张复宏等（2017）借鉴国内外物联网关键技术在食品产业链质量监管上的研究成果与成功案例，在研究分析现有蔬菜质量安全监管问题及成因的基础上，探讨了有关蔬菜质量安全的社会化"多维"监管机制和管控运行机制，设计了农业物联网运营环境下的蔬菜质量安全平台管控系统，提出了以批发市场、超市为核心的市场准入制度体系。

6. 农产品批发市场食品安全监管的外国借鉴问题

王志刚等（2006）重点介绍了韩国可乐农水产品批发市场的农药残留检测体系，认为韩国农产品批发市场安全检测体制的建立及其取得的绩效对于完善我国农产品批发市场的安全检测体系提供了可借鉴的经验和教训。

苏春森（2008）系统介绍了德国农产品质量安全全程控制技术的主要做法，认为在流通领域的农产品监管方面，德国提出的"所有进入流通领域的农产品加贴标签标识"的要求便于质量追溯，而"批发商的自愿送检行为、合作社每周抽样送检以及官方的不定期抽检"则是保障流通环节农产品质量安全的重要手段。

朱桦（2013）研究了日本农产品批发市场的功能、运作与管理情况，指出"建立农产品产地追溯制度""推行农产品质量认证""加强生产过程管理""推进质量检测体系建设""明确管理部门职责""健全质量管理体系"是日本食品安全保障措施得力的重要支撑。

修文彦（2015）分析了美国、日本以及欧盟在食品安全立法、监管体系、管理方式等方面的情况，指出中国在农产品市场准入制度方面存在"政府公共管理体系的制度缺位""缺乏统一标准""公众认知程度低，对建立食品安全信息系统缺少支付意愿""参与监管食品安全的部门众多，职责不明，监管混乱"等问题。

三、研究评述与下一步研究方向

"食品安全"涉及国计民生，受到政府部门的高度重视和社会的广泛关注。食品的主要原材料之一是农产品，因而农产品质量安全是食品质量安全的一个重要组成部分，同时，农产品质量安全监管也是食品质量安全监管的重要内容和安全防控的重要源头。考虑到我国现阶段经济社会发展水平和消费者饮食文化的多样性，把住农产品批发市场这一风险防控的重要关口，充分发挥批发市场环节的质量安全管理作用，能够有效地减少政府部门的监管负担，提升农产品质量安全的整体水平。

我们系统梳理研究成果发现，目前批发市场交易模式下农产品质量安全管控的关注点和主要议题集中在"批发市场功能定位""批发市场运行建设""产品质量安全监管""市场主体食品安全行为认知""流通模式与管控技术""外国监管经验借鉴"等方面。不同学者基于不同视角对批发市场环节农产品质量安全监管的现状、问题进行研究并提出相应的对策建议。总体而言，关注这一主题的研究者日益增多，且观察和研究的角度日益多样化。但也存在着简单重复和同质化现象，与大数据时代的快速变革还不能迅速接轨，创新不足。在实践层面，批发市场农产品质量安全管控措施、手段不断丰富，监管体系日臻完善，但也存在观念陈旧、监管能力以及监管资源不足等诸多问题。

通过实地走访、观察，综合已有研究成果，我们对批发市场环节的农产品质量安全监管的认知日益清晰，可以归纳为以下几个方面：

首先，批发市场的发展建设是农产品质量安全监管的基石。加强农产品批发市场基础设施建设，弥补冷链物流、信息化、流通效率等方面的不足，以"公益性"为指向，加快促进批发市场转型升级，更好地发挥批发市场在农产品供应链中的核心枢纽作用，十分重要且紧迫。

其次，有效的供应链治理是农产品质量安全监管的关键。这就需要全面提升产品质量安全水平，强化农产品供应链的纵向一体化程度，扩大"农地对接""农超对接"等新型流通模式的运用，建立并完善与"农产品质量安全追溯"配套的规章制度、运行机制及信息平台。

再次，社会多元主体的充分参与是农产品质量安全监管的助力。充分重视批发市场供应商、经销商、消费者等社会多元主体的作用，不断完善社会公众参与的制度设计，形成政府监管方、市场开办方、经销商、消费者协同共治的良性互动局面，是防控农产品质量安全风险的有效途径。

最后，监管体制和监管方式的创新始终是农产品质量安全监管的保障。农产品质量安全监管具备动态性、复杂性、分散性等特点，传统的监管体系在实际运行中存在监管程式化和效率低，市场执行效果不好，抽检规范化、标准化和信息追溯可信度低等问题，因此，要在充分借鉴国外先进经验的基础上，考虑我国经济社会发展的阶段性，农业生产的分散性和消费者饮食文化的特殊性，探索出一套行之有效的批发市场农产品质量安全监管体制机制。

特别需要指出的是，现有的成果为后续的研究提供了宝贵的经验借鉴，但也存在着许多问题。例如：研究主题相对分散，集中度不高，系统性不足；对于某一主题的研究未能持续深化，研究断裂化，延续性不足；对策建议偏向于宏观化，与监管实务脱节，可操作性不足；研究内容重复、同质化，创新性不足。这些问题在将来的研究中应当引起重视并得到解决，同时要结合经济社会发展形势，重点从以下几个方面进行更为深入的探索：

一是研究如何将"互联网＋"、大数据等新兴技术与农产品批发市场的发展建设有机结合，以期实现农产品安全监管的精准化和智能化。

二是研究协作式供应链建设问题，通过合理的制度安排来构建供应链参与主体间的相互竞争、相互协作关系，以强化"批发市场"环节农产品质量安全监管的方式来促进供应链前端的源头治理和供应链末端的风险排除。

三是研究如何促进社会多元主体的有效参与，尤其是在农产品批发市场经销商专业化培训以及消费者食品安全教育方面,应当给予特别的关注。

参考文献

[1] 刘雯,张浩,安玉发. 批发市场在农产品供应链中的功能和位置探讨 [J]. 中国市场,2010 (32):110 - 113.

[2] 张敏. 农产品供应链组织模式与农产品质量安全 [J]. 农村经济,2010 (8):101 - 105.

[3] 石锐. 食品安全与农产品市场秩序建设研究 [J]. 当代经济,2008 (12):34 - 36.

[4] 卢凌霄,周应恒. 农产品批发市场现状及发展趋向 [J]. 商业研究,2010 (2):10 - 14.

[5] 依绍华. 我国农产品批发市场发展状况调查及对策建议 [J]. 北京工商大学学报:社会科学版,2014 (6):16 - 21.

[6] 马增俊. 中国农产品批发市场发展现状及热点问题 [J]. 中国流通经济,2014 (9):8 - 12.

[7] 秦昊,刘田青. 北京市农贸批发市场冷链物流的现状、问题与对策研究 [J]. 中国市场,2013 (2):27 - 31.

[8] 谷有利,吕贵兴. 农产品产地批发市场信息化建设研究 [J]. 企业导报,2009 (5):90 - 91.

[9] 赵友森,王川,赵安平,等. 浅议北京市农产品市场信息体系的建设与发展 [J]. 中国食物与营养,2010 (9):4 - 7.

[10] 苏威. 关于提升农产品流通效率的思考:基于农产品批发市场建设视角 [J]. 商业时代,2012 (13):30 - 31.

[11] 李静. 果蔬类农产品流通模式与质量安全监管:来自北京农产品批发市场的调查分析 [J]. 中国农业信息,2012 (11):48 - 49.

[12] 刘雯,安玉发,张浩. 加强公益性建设是中国农产品批发市场

发展的方向 [J]. 农村经济, 2011 (4): 11-14.

[13] 李志博, 米新丽, 洪岚. 论我国农产品批发市场的公益性建设 [J]. 云南社会科学, 2015 (3): 58-62.

[14] 李志博, 米新丽. 农产品批发市场公益性职能缺失的经济分析 [J]. 经济问题, 2017 (1): 110-114.

[15] 张闯, 夏春玉, 刘凤芹. 农产品批发市场公益性实现方式研究: 以北京新发地市场为案例 [J]. 农业经济问题, 2015 (1): 93-100.

[16] 刘闯, 杨雪, 孟江飞. 大型和国有农产品批发市场在改善食品安全问题中的责任与机遇: 以干货为例 [J]. 中国食物与营养, 2012 (6): 13-17.

[17] 温卫娟, 唐秀丽. 北京市农产品批发市场升级改造必要性及措施分析 [J]. 物流技术, 2015 (1): 11-12.

[18] 张娣杰, 洪鸿雁, 任燕, 等. 北京市批发市场食品质量安全现状分析 [J]. 中国集体经济, 2009 (8): 198-199.

[19] 黄飞. 农产品批发市场质量安全管理体系建设实践及问题探讨 [J]. 农产品质量与安全, 2011 (4): 53-54.

[20] 刘晓东, 周林生. 农产品批发市场食品安全问题探讨 [J]. 商业经济研究, 2016 (19): 161-162

[21] 张静, 马永泽. 农产品质量安全监管分析: 以新疆石河子市西部绿珠果蔬农产品批发市场为例 [J]. 农业经济, 2012 (11): 122-123.

[22] 钱宁刚, 杨卫平. 云南省农产品批发市场质量安全监管存在的问题及对策分析 [J]. 农产品质量安全, 2009 (1): 16-18.

[23] 宫霞, 周丽婷. 批发市场农产品质量安全监管调查与分析: 以上海市农产品批发市场质量安全监管为例 [J]. 农产品质量与安全, 2014 (2): 74-76.

[24] 李云鸿. 关于探索建立丰台区五大农副产品批发市场进京食品安全风险防控机制的研究 [J]. 首都食品与医药, 2015 (3): 8-11.

[25] 马同斌, 刘乾凝, 闫丽春, 等. 首都农产品安全产业战略研究:

基于京、沪、渝三市农产品发展战略的比较［J］. 中国农学通报，2013（33）：405－408.

［26］张红丽，马永泽. 政府主导下的批发市场农产品质量安全监管缺陷与改进［J］. 农业经济，2014（7）：109－110.

［27］任燕，安玉发. 我国农产品批发市场食品安全监管策略研究：基于北京市场的经销商调查分析［J］. 中国市场，2009（45）：48－51.

［28］任燕，安玉发. 消费者食品安全信心及其影响因素研究：来自北京市农产品批发市场的调查分析［J］. 消费经济，2009（2）：45－48.

［29］叶俊焘，胡亦俊. 蔬菜批发市场供应商质量安全可追溯体系供给行为研究［J］. 农业技术经济，2010（8）：19－27.

［30］乔娟. 基于食品质量安全的批发商认知和行为分析：以北京市大型农产品批发市场为例［J］. 中国流通经济，2011（1）：76－80.

［31］张纪柏，罗长瑶，胡瑞，等. 北京大洋路批发市场商户自检费用支付意愿调查［J］. 中国食物与营养，2014（1）：47－50.

［32］周海文，刘新超，王志刚. 经销商参与培训能促进其保障食品安全行为吗？——基于全国农产品批发市场1041份问卷调查［J］. 农林经济管理学报，2017（3）：323－333.

［33］丁宁. 流通创新提升农产品质量安全水平研究：以合肥市肉菜流通追溯体系和周谷堆农产品批发市场为例［J］. 农业经济问题，2015（11）：16－24.

［34］李政. 农超对接中农产品安全问题研究［J］. 甘肃社会科学，2013（2）：233－237.

［35］杨磊，刘承，张智勇，等. 基于RFID可追溯系统的畜产品供应链安全控制研究［J］. 中国畜牧杂志，2009（18）：22－25.

［36］叶俊焘. 以批发市场为核心的农产品质量安全追溯系统研究：理论与策略［J］. 生态经济，2010（10）：110－115.

［37］肖冰，戴小廷. 果蔬农产品供应链追溯系统实施的激励与监管［J］. 物流技术，2015（34）：230－232.

[38] 邓永卓, 张碧海怡, 王连运, 等. 物联网技术在农产品安全生产管理及监测中的应用 [J]. 河北农业科学, 2011 (7): 106.

[39] 张复宏, 罗建强, 柳平增, 等. 基于物联网情景的蔬菜质量安全社会化监管机制研究 [J]. 中国软科学, 2017 (5): 47-55.

[40] 王志刚, 于法稳, 贾丹, 等. 农产品质量安全检测运行机制: 来自韩国批发市场的启示 [J]. 生态经济, 2006 (12): 82-85.

[41] 苏春森. 德国农产品质量安全全程控制技术经验及启示 [J]. 农业质量标准, 2008 (4): 48-52.

[42] 朱桦. 日本农产品批发市场的功能、运作与管理 [J]. 国际市场, 2013 (4): 33-37.

[43] 修文彦, 任爱胜, 冯忠泽, 等. 美日欧农产品市场准入制度对中国的启示 [J]. 农业经济问题, 2007 (S1): 57-61.

[44] 汪普庆, 周德翼, 吕志轩. 农产品供应链的组织模式与食品安全 [J]. 农业经济问题, 2009 (3): 8-12.

[45] 任燕, 安玉发, 多喜亮. 政府在食品安全监管中的职能转变与策略选择: 基于北京市场的案例调研 [J]. 公共管理学报, 2011 (1): 16-25.

我国食品安全战略研究的挑战与未来[*]

【摘要】 战略是指导全局的方略,食品安全战略是指为实现食品安全目标而采取的总体行动方案。本文按照战略的过程性特征,根据目前国内学者对食品安全战略的研究情况,将研究内容划分为战略分析、战略制定、战略实施三个方面,同时对国外食品安全战略的经验借鉴研究也进行了归纳和梳理。通过对近10年来国内相关文献进行分析、思考和总结,我们发现,我国食品安全战略研究还未形成体系,面临没有明确的概念标准、研究成果不系统不完善、各部分研究缺乏对话平台、战略规划前瞻性和实施方案可行性分析不足等诸多挑战。本文从规范性、系统性、可行性三个方面进行整体述评,认为我国食品安全战略研究有待规范概念、加强对话、推进方案落地实施,并尝试探索和展望食品安全战略研究的未来方向。

一、引言

社会主义市场经济的发展使我国人民生活水平总体上得到很大提高和改善,然而近年来作为基本生活必需品和信任品的食品的安全越来越受到社会关注。食品安全事件频发,暴露了食品领域仍存在着产业基础薄弱、市场秩序失范、诚信意识淡薄、监管能力不足等问题。2015年《中共中央

---

[*] 本文完稿于2017年9月,未公开发表。研究生苗曾志同学搜集整理了大量文献资料,对本文写作有较大贡献。

关于制定国民经济和社会发展第十三个五年规划的建议》首次将食品安全战略纳入五年规划，提出"实施食品安全战略，形成严密高效、社会共治的食品安全治理体系，让人民群众吃得放心"。2018年《关于实施乡村振兴战略的意见》也指出，要实施食品安全战略，完善农产品质量和食品安全标准体系，加强农业投入品和农产品质量安全追溯体系建设，健全农产品质量和食品安全监管体制，重点提高基层监管能力。这预示着积极探索国家的食品安全战略管理是当前面临的重要课题。

无论在西方还是中国，早期的"战略（strategy）"都属于军事方面的概念，意指发现智谋的纲领[1]。发展到现在，战略已经突破军事概念，扩展到企业经营、社会管理、国家治理等诸多领域，衍生出不同学派的战略管理理论。西方战略管理学家希特（Hitt）认为，战略管理是对促成组织达成其目标的跨职能的决策进行制定、实施和控制的艺术和科学。我国学者石盛林认为，战略就是经营管理者对企业"做什么"和"如何做"的清晰界定，其中，"做什么"涉及使命和目标选择，"如何做"涉及实现使命和目标的路径选择，战略管理就是对"做什么"和"如何做"进行"质疑、探思、求解"的过程。总体而言，战略是从全局出发考虑和谋划以实现全局目标的规划，具有层次性、动态性、开放性的特征。

根据世界卫生组织的定义，食品安全战略是指国家针对特定时期主要的食品安全问题采取行动的一致性框架。食品安全战略较早提出于西方发达国家，尤其是2001年欧盟食品安全白皮书的发布，将食品安全上升到国家战略层面，以重建因食品安全事件频发而削弱的消费者的信心。2004年，中国国务院发展研究中心组织国内50多家智库，对我国食品安全战略进行研究，正式发布了第一份内容十分详尽的有关食品安全战略的报

---

[1] 在西方，"strategy"一词源于希腊语"strategos"，指的是军事将领、行政长官，后来主要用来指军事将领指挥军队作战的谋略。在中国，春秋时期孙武所著《孙子兵法》被认为是中国最早对战略进行全局谋划的著作，其主要也是对军事领域的战略进行论述。

告——《中国食品安全战略研究报告》①，并与世界银行、世界卫生组织、亚洲开发银行开展合作，提出了完善中国食品安全监管框架的诸多建议。自 2008 年《食品安全法》颁布以来，国内学者对食品安全问题的研究逐渐受到重视，特别是 2015 年国家提出实施食品安全战略的政策导向以后，国内学者越来越多地以战略眼光审视我国食品安全治理，不仅关注我国食品安全问题的战略举措，也关注国外食品安全治理的战略经验，主要从农业生产、信息技术、信用体系、标准体系、法律法规、智库建设、供应链制度、监管与治理模式等诸多方面对食品安全问题进行探索研究，并形成一定的战略思路。本文基于以上认知，按照战略的过程性特征，以战略分析、制定和实施三个阶段为划分依据，从战略理念、战略规划及具体实施路径三个方面，对我国食品安全战略研究状况进行分析和总结，并尝试探索和展望未来的发展方向。

二、战略分析：基于战略理念的食品安全研究

战略分析作为战略管理的起始阶段，关系着全局的价值定位和目标导向问题，在战略管理中具有不可替代的重要意义。2009 年我国《食品安全法》正式实施之时，国内学者对于食品安全的战略理念就有过相关论述。杨中柱（2009）提出推进食品安全建设的战略性思考，认为必须采取针对性措施，标本兼治重在治本，防治结合重在预防，健全工作机制，形成综合力量。宋洪波（2009）较早地提到应重视食品安全专业战略建设，并探讨了培养目标、培养要求以及骨干课程设置方面的内容。徐俊（2009）从科技发展的角度思考了食品安全的战略重点，提出应加强食品安全评估、检测、控制、监管等技术性建设。

---

① 《中国食品安全战略研究报告》是国务院发展研究中心和科学技术部组织国内 50 余家机构的专家对我国食品安全战略问题进行跨学科、跨部门研究的成果，本书从食品安全监管国际经验、主要食品安全监管部门的行动、食品安全支持体系、食品安全过程控制、主要种类食品安全、转基因食品安全、技术性贸易壁垒与食品安全等不同角度对我国食品安全进行了系统的研究，在总结国内外食品安全监管经验的基础上，提出我国食品安全的战略目标以及中长期发展思路。

2010年，国务院设立食品安全委员会，该委员会的职责是"负责分析食品安全形势，研究部署、统筹指导食品安全工作，提出一系列食品安全监管的重大政策措施，督促落实食品安全监管责任"。阮兴文（2009）较早关注到食品安全的国家战略产业政策，针对绿色农业、安全食品加工业、食品流通产业政策的缺失，提出全面实施食品安全国家战略产业政策的若干建议。赵美玲、郭军康（2010）对我国食品安全态势战略情报进行研究，创造性地提出了食品卫生监督量化分级管理、食品安全管理及法律法规、食品安全体系建设等食品安全领域研究热点的战略坐标图。王岳、潘信林（2013）将地方政府治理中存在的不足与战略管理的目的理性和工具理性结合起来考察，认识到地方政府食品安全危机处理中引进战略管理的必要与可能，提出以合理的战略导向、科学的战略规划、符合国情时宜的战略形式来改进地方政府对食品安全的危机管理。张杰、杜海燕、张文胜（2014）以天津科技大学食品安全战略与管理研究中心为例，探讨了食品安全智库建设的跨学科的协同模式，提出加大食品安全的人文社会科学研究投入，建立各学科单位协同研究的合作平台和运行体制机制，大力培养跨学科的复合型人才，主动寻求跨学科的融合等战略协同合作的建议。

食品安全战略纳入国家"十三五"规划以来，学者们纷纷对政策做出深刻解读。金江军（2015）认为，推进食品安全战略实施，应树立制度（如信用体系）与技术（如信息平台）双管齐下的思维。韩俊（2015）从具备国际视野、加强食品行业监管、明确界定食品链各环节责任、培养小农户融入农业产业链和价值链的能力等方面指出，让中国农业和食品产业在国际竞争中发挥优势。谭治国（2016）提出采取有效措施整治环境、增强从业人员的责任意识、严格食品市场的流通管控等建议。余吉安、杨斌（2016）关注到食品安全指导思想的重要性，提出质量伦理战略的思想，强调从社会责任伦理观出发，推进食品安全战略建设和实施，并且提出了质量伦理战略建构所包含的三个层次。所谓质量伦理，就是产品或服务满足消费者和公众在质量上的期望，符合人们对提供产品或服务的企业在质量上的道德标准，是企业社会责任的微观表现。

程同顺、贾凡（2017）提出要从国家安全高度来治理食品安全问题的战略定位，认为食品安全与国家安全具有密切联系，并提出相应的战略性建议：一是把食品安全战略升级为国家安全战略的重要组成部分；二是提高政府对食品安全的治理能力；三是推动社会协同治理，构建社会共治的食品安全格局；四是加强国际交流，建立全球合作平台。闫志刚（2018）指出，食品安全战略应充分体现前瞻性和科学性，有三个问题需要关注：如何在我国食品安全的发展历程中定位食品安全战略，如何解决政策与治理协同问题，如何持续提升食品安全各相关主体的能力。作者对这三个问题进行了分析，并提出统一性与多样性监管协同等措施。

三、战略制定：基于战略规划的食品安全研究

战略规划涉及全局性的蓝图或框架，相当于对战略地图的描绘。2005年，国务院发展研究中心中国食品安全战略研究课题组对中国食品安全战略做出过整体阐述，提出我国食品安全战略的指导思想、基本原则和总体目标，主要包括：提高食品安全科技水平，突破食品安全中的科技"瓶颈"制约，完善食品安全标准体系，建立统一协调的法律法规体系，等等。这为我国食品安全战略的理论探索和实践发展提供了基础性的指导和框架性的说明。

部分学者关注食品安全战略规划的总体方案。戚建江、郭智成、金培刚（2005）从食品安全战略目标和食品安全控制原则着手，较为全面地提出我国食品安全战略规划内容，包括理顺食品安全监管机制、健全食品安全法律体系、完善食品安全标准体系、加强食品安全监测体系、建立食品安全科学体系、规范食品认证体系、推行食品召回制度、建设食品信用体系、加强国内外合作、建立食品安全教育机构等。余从田、姜启军、熊振海（2011）从战略意义上分析食品安全应用的特殊性，指出食品安全的战略模式要通过发现问题、制定标准、检验体系建设、法律法规体系建设、信息体系建设来实现，同时认为，其中的技术支撑是关键，政府管制是保

障，企业自律是根本。

还有部分学者重视食品安全战略的结构研究。胡颖廉（2015）认为，当前我国食品安全呈现"大产业和弱监管""城市高风险""农村不设防"的基本形势，指出食品安全战略的两大支柱是产业和社会。他在借鉴国外研究的基础上，从宏观、中观、微观三个层次构建了"使命—结构—行动"的食品安全战略框架，其中：使命是食品安全在国家总体布局中的理念定位，回答"治理什么"的命题；结构涉及参与食品安全战略的治理主体，回答"谁来治理"的命题；行动涉及为实现食品安全战略使命的具体政策任务，回答"如何治理"的命题。他也对三个层面的内涵做出深刻解读。罗杰（2018）认为，食品安全战略包括起点、目标、任务和措施等内容。战略起点有好的基础也有不少挑战，如源头污染严重，产业基础薄弱，食品安全标准低，等等。战略目标可设定为短期、中期、长期三个目标，在我国整体发展战略的框架下制定。战略任务主要包括推动我国食品安全问题整治向标本兼治转变、建立预防为主的全过程监管模式、全面提升食品安全法治化水平、健全多元参与的共治共享体系等八个方面。实施食品安全战略应从价值理念、治理结构和具体实施三个方面着手，坚持创新、协调、绿色、开放、共享的理念，建立起统一权威的食品安全治理体系，落实好"四个最严"的要求。

四、战略实施：基于战略路径的食品安全研究

战略实施侧重战略落地的具体政策，包括设计的路径和机制、采取的对策和手段、不同方面的重要措施、不同主体的重点任务，甚至包括清晰而明确的具体步骤等。到目前为止，我国学者对食品安全战略实施路径进行了较为丰富的研究，具体研究领域有安全生产的保障、信用体系的开发、信息技术的推广、标准体系的健全、供应链制度的安排、政府监管机构的重组、法律法规体系的完善、食品安全战略智库的建设等。

（一）供应链与追溯体系的战略研究

供应链战略路径的研究实际上是与全程治理模式密切相关的，国内学者研究供应链会侧重不同方面的机制，如物流冷链的协调、信息技术的应用、社会信用体系的建设、社会资本关系的驱动等。

兰洪杰、李龙飞（2010）从物流系统战略协同的视角对供应链制度安排进行了清晰描述，指出物流组织的战略层协同需要具备意愿、能力、兼容性等因素，物流资源的战略层协同需要包含硬件资源和软件资源的协同，物流信息的战略层协同需要包含确定信息系统战略以及确定信息共享机制两个方面。

龚海涛（2010）认为，应从供应链管理角度认识涉农（食品）安全的可追溯体系的本质，在动态过程中实现涉农供应链追溯模式的转换，发展模块化的追溯技术，使可追溯体系作为涉农供应链竞争战略的重要组成部分。杨林（2010）以福建省为例进行分析，认为实施食品安全追溯战略存在着法律法规缺失、易形成"信息孤岛"、成本效益难以权衡等问题，提出应从加强商品条码立法工作、引导企业采用全球统一标识系统规范编码、加大对企业食品安全追溯工作的资金扶持力度三个方面来加快食品安全追溯战略的实施。

汪鸿昌（2013）强调信息技术的应用，提出通过构建食品生产和销售的全供应链模型，建立基于信息披露制度的全供应链混合治理模式。该模式的核心是由信息技术与契约关系组成的混合治理机制，包含两部分的治理，一是食品制造商对供应商的混合治理，二是消费者对食品制造商的混合治理，以此形成食品市场中的分离均衡。王殿华（2013）通过对美国食品全球供应链的运作进行战略解读，分析美国食品安全供应链系统的措施与策略，指出风险预防、信息管理、监督认证、国际协调四个方面在确保食品安全中发挥的重要作用，认为应提升全球食品供应链参与者的责任意识。

郭曙光、王叶（2015）针对现代食品质量安全的战略保障问题，重点研究食品供应链成员的企业价值与败德行为之间的关系，提出运用社会资本来调整食品供应链成员的利益获得方式，由此减少食品产销者的败德依赖，并创新性地运用社会资本的微观、中观、宏观层面的结构分析，考虑到供应链企业家个人之间、供应链企业与企业之间、供应链行业与行业之间的社会资本关系，来研究食品供应链成员内部的相互监督行动和连带责任机制。这种以社会资本为引导的供应链模式构建，有助于促进食品质量安全内生保障机制的良好发展。

（二）标准体系建设的总体框架研究

关于标准体系的建设，国内学者的研究涵盖多个角度，包括农业科技与卫生技术角度、标准体系的法律建设角度、标准体系的制定程序角度、国际视野下的标准体系建设角度等。

何翔（2013）从农业科技与卫生的角度对我国现行食品安全标准进行梳理，发现共有各类食品标准 5 264 项，但各类标准之间存在重复、交叉和矛盾等问题，他经过分析提出包括基础标准（通用标准）、食品产品标准、食品相关产品标准、食品添加剂产品标准、生产经营规范、检验方法与规程以及其他规定的标准等七个部分内容的建议。王超（2014）认为，我国食品安全标准正趋向统一化、规范化、国际化等，需要继续加大对目前标准的清理整合力度。江虹（2016）从国际视野出发，对《国际食品法典》中的程序制定和标准构建进行分析，提出我国应对国际趋势、完善标准体系的措施：首先，吸收借鉴法典标准的基本原则；其次，规范食品安全标准的分类；最后，改进食品安全标准制定和修订程序，设立专门的食品安全国家标准制定机构。另外，他指出也应鼓励社会力量广泛参与安全标准的制定和修订，建立标准制定和修订程序的反馈机制；同时，他也指出要加强国际合作，重视参与国际风险评估专家组织及其活动。

（三）监管与治理模式的战略研究

战略是管理学范畴的概念，而治理作为管理学的新兴理念，也是战略管理的应有之义。在当前创新、协调、绿色、开放、共享的五大战略发展理念驱动下，社会问题的解决方法呈现出主体多样性、方案灵活性的特征，食品安全治理也是如此。从目前国内学者的研究成果来看，从战略意义上对食品安全治理路径的探讨较多，呈现以政府为中心的多元协同共治理论趋势。这预示着食品安全领域的治理模式正逐渐突破政府单个主体监管的传统思路。国内具有代表性的相关研究主要如下：

刘畅（2012）基于风险社会理论，对我国食品安全规制模式进行研究和建构，从战略性高度对规制模式的三个维度进行详细说明，它们分别是确立战略性风险规制理念、推进风险规制手段的转变、发展多元化风险规制模式。在发展多元化风险规制模式方面，刘畅提到了行政性规制、经济性规制、社会性规制三种模式，这为我国食品安全规制战略研究拓宽了视野。李静（2013）从主体、结构、运行机制三个维度创新设计我国食品安全治理模式，关注到食品安全战略管理中动态与静态的结合。

冯朝睿（2015）以整体性治理理论的核心内涵为指导，提出食品安全监管的"四位一体"，即整合治理结构、协调部门间利益冲突、整合行动问责、整合多元监管信息。冯朝睿结合大部制改革的整体要求，从市场化维度完善策略、信息化维度完善策略、协同化维度完善策略和整体推进策略四个方面探讨了我国食品安全监管革新的系列问题，从目标整合、功能整合、信息整合、协作整合几个具体方面提出我国食品安全监管的整体推进策略，梳理并构建了我国食品安全监管的整体性治理框架。

牛亮云（2016）提出社会共治的总体理论框架和具体实施路径，指出社会共治的目标或立足点是要实现企业或者行业自律，社会共治要求政府与企业由非对等的监管者与被监管者转为对等的合作者与互动者。他对食品安全风险社会共治的主体及其边界、食品安全风险社会共治运行的主要机制、食品安全风险社会共治的最终目的做进一步分析，最后得出结论性建议：政府部门应该主导社会共治制度的建立和运行，要加强对食品安全风险社会共治制度的认识，社会共治要充分发挥社会主体的作用。

王蕊（2016）在对食品安全发展的空间性和历史性进行考察后认为，

食品供应链系统中的各个环节存在许多问题亟待解决，从微观层面的不同主体视角（包括政府、企业、消费者、监管机构、行业协会等）提出了食品安全战略实施的具体对策。慕静和陈小李（2017）提出创新驱动下食品安全协同治理的战略路径，主要包括创新主体系统、创新环境系统、创新战略平台、创新战略机制、创新保障机制等五个组成部分。

除上述以外，对于食品安全战略具体路径的研究，还零星分布在其他领域。马同斌（2013）选取沪、渝二市与首都农产品安全产业战略进行对比研究。吕丹丹、刘晓莉（2015）从法律战略视角对协同治理模式下以合作价值为追求目标的食品安全治理展开战略部署，认为构建开放性的互动模式和平衡性的沟通模式是制定食品安全战略的最优路径。王琳（2017）对食品安全危机管理中的国际战略沟通进行分析并提出战略措施。

五、对国外食品安全战略的借鉴研究

国外发达国家对食品安全问题的治理已形成较为成熟的机制。早在2001年，欧盟及其部分成员国就制定了食品安全发展战略，美国、德国、加拿大、日本也较早实施了食品安全战略。我国尚处于食品安全战略的理论建构和实践探索阶段，国内学者对于国外发达国家的相关经验借鉴研究也较为丰富。

（一）欧盟食品安全战略经验借鉴

杨志花（2008）对《欧盟食品安全白皮书》进行深刻解读，剖析了欧盟食品安全战略思想及原则，包括综合统一原则、责任明确原则、可追溯原则、透明原则、风险分析原则等五大原则；强调欧盟在治理食品安全方面最具特色的风险意识，具体的战略任务包括风险评估、风险管理和风险交流，为其食品安全工作提供了强有力的支撑。另外杨志花还介绍了欧盟食品安全战略措施，包括：①建立欧盟食品安全局，形成工作网络，实现网格化管理；②推进食品安全立法，包括"从农田到餐桌"的食品链全过

程立法；③加强食品安全管理，涵盖 HACCP 质量保证系统、预警系统、溯源系统、召回制度、审计和审查计划；④提供透明的消费者信息，如食品标签指令、信息公开机制、消费者对话机制等。杨志花指出，欧盟是我国重要的农产食品出口目标市场，我们有必要对其进行全面而深入的研究和先进经验的借鉴，并提出适应我国国情的食品安全发展战略。

（二）德国食品安全战略经验借鉴

魏益民、赵多勇等（2011）关注德国食品安全的控制战略和管理原则。他们以风险分析作为食品安全控制的理论依据，借鉴研究德国"从农田到餐桌"的全程控制体系，认为该控制体系对我国食品安全战略实施具有指导意义。德国作为欧盟重要成员国之一，在食品安全控制理论和管理措施方面做了大量的工作，其经过几轮的机构改革和管理探索，逐步建立和完善多层次协调合作的食品安全控制和管理模式，食品安全监督和快速预警机制已经形成。他们在相关文章中详细介绍了德国食品安全管理的宗旨、基本原则及管理机构和食品链监管各机构的职责，重点阐述了德国的风险评估研究所在科学风险评估方面的工作职责，全面呈现了德国的食品安全控制战略体系，为中国食品安全风险控制提供借鉴。

（三）美国食品安全战略经验借鉴

彭亚拉、郑风田等（2012）基于对比分析美国的食品安全财政预算，指出美国已形成严谨的国家食品安全宏观管理体制：①以食品药品监督管理局为主的多个部门协同管理的食品安全监管体系；②以"五大国家食品安全战略计划"为核心的协同合作体系。他们认为，我国的食品市场还存在"生产经营者规模偏小、数量庞大、高度分散"的特点，因此我国食品安全治理应借鉴美国食品安全财政投入以项目投入为主的模式，通过资金的项目投入，推动我国食品安全战略各个项目体系的形成与完善，节约食品安全监管成本，提高监管效率。

韩永红（2014）对美国《食品安全现代化法》进行详细研究，指出该法在强调预防控制的同时，也注重强化事后应对的措施，形成了严谨而完整的食品监管链条：（事前）控制体系—（事中）检查制度—（事后）矫正计划。具有代表性的矫正措施包括行使强制召回权、实行吊销注册方式、强化食品追溯能力等。《食品安全现代化法》强调加强国内各区域间（联邦、州、地方、领地、部落）及外国政府间的合作，明确支持食品和药品管理局建立一体化的食品安全网络体系。

（四）日本食品安全战略经验借鉴

刘畅（2010）研究日本的食品安全规制，认为日本食品规制的类型大致可以分为三种：直接规制与间接规制，事前规制与事后规制，公共规制与自主规制。日本食品规制的模式有三种：行政性规制、经济性规制、社会性规制。他总结了日本食品安全规制中的三大理念和五项原则，分别是：国民健康至上理念、过程化规制理念、科学与民意并举理念，以及法治原则、风险分析原则、各负其责原则、公开参与原则和预防原则。现如今日本已经形成了以食品安全委员会、厚生劳动省、农林水产省三大管理机构为核心的五项制度，分别为食品过程化管理制度、食品标识制度、食品安全标准制度、食品安全信息收集制度以及特殊食品的安全规制。日本的食品安全规制制度的战略系统性值得我们借鉴思考。

（五）加拿大食品安全战略经验借鉴

杜治琴、严卫星等（2003）对加拿大的食品监督体制进行了较为全面的梳理介绍。首先，加拿大食品安全的主管部门是食品检验局，负责对联邦政府授权的食品、作物和动物进行健康执法检查。该局整合了原有四个部门的执法职能，统一负责食品执法检查，将行政执法与提供高效服务两方面的职能合而为一。其次，加拿大的法律框架分为法律、内阁法规、部级法规三个层次。该法律框架严格规定了在政府公告上预公布征求意见的阶段，并规定有关部委实施行业管理前的证明责任，如存在问题，需要政府通过法规或其他手段实施干预。其将对经济的负效应降到最低限度，不违反政府间的协议，使法规资源得到有效的管理。再次，加拿大联邦政府还非常重视风险分析工作与沟通工作，食品安全领域的风险分析工作主要由卫生部和食品检验局共同开展。同时，加拿大的食品召回工作是在风险评估和危险管理工作的基础上开展的，分为调查并确认危害、制定风险管理战略决策、执行召回、检查回收效果、开展有关后续工作等五个阶段。

六、研究述评

以上研究各具特色，所涉及的内容与视角翔实而丰富，对食品安全战略体系的构建有良好的指导作用，是后续研究的基础。然而我国关于食品安全战略的研究尚处于探索阶段，全方位、多角度的学术思考和活力释放意味着食品安全战略课题的研究方兴未艾，当前的研究成果也并未形成体系，分布在不同的侧重点和领域，这就需要我们进行总结、梳理、归纳和整合，力求形成战略蓝图。通过综合分析，我们得出以下结论：

（一）我国食品安全战略研究的规范性不足

在目前国内有关食品安全战略方面的研究中，对于食品安全战略的基本概念界定较少。胡颖廉（2016）认为，食品安全战略是提升食品安全治理水平的基础性、全局性、前瞻性制度框架。蒋亦行（2016）认为，食品安全战略是政府为食品安全领域建立的中长期目标以及实现目标的路径，大部分学者没有对食品安全战略的基本概念与内涵及外延做出界定。同时相关研究也较少涉及食品安全战略的理论基础和指导思想，仅余吉安和杨斌（2016）提到质量伦理的战略理念，主张从社会责任伦理观出发，推进食品安全战略建设和实施。另外，管理学意义上的战略包含计划（plan）、计策（ploy）、模式（pattern）、定位（position）、观念（perspective）等多个要素①，标准框架也包括短期、中期、长期不同阶段的实施方案，然而目前我国关于食品安全战略的研究多数集中于对宏观政策的建议或对战略措施的探索，较少涉及观念和定位，也未提出明确清晰的、可量化的目标和可操作的模式，未形成不同阶段的具体实施方案，缺乏普遍意义上的战略结构。种种情况表明，我国目前食品安全战略的研究存在概念模糊、指导思想不明确、研究结构不规范的问题。

（二）我国食品安全战略研究的系统性不强

由于规范性不足，对战略基本概念、指导思想以及研究结构的把握不统一，我国食品安全战略研究也面临碎片化，未能形成凝聚共识的对话平台和框架体系。首先，从研究层面上看，对总体战略的研究还不充分，尤其是对系统完整的食品安全战略框架的研究较少，缺乏对不同机制、路径、模式的科学整合与合理规划。对具体战略的研究则较为分散，供应链战略与协同治理战略受到较多关注，某些方面虽然已有战略思考（如标准体系建设），但还未明确形成战略思维；对法律法规、农业科技、社会信用、公众参与等具体领域研究不足。其次，从研究视角看，食品安全最初是由政府来全程和全责监管的，因此对食品安全问题的研究视角无疑地集中在对政府职能本身的研究上。随着治理理论的兴起，社会共治和协同治理引起专家和学者们的重视，研究视角逐渐转向社会学。同时，科技的进步和大数据的发展也拓展着食品安全战略的研究视角，如农业技术、信息技术等视角的研究也得以展开。总体来说，食品安全涉及管理学、社会学、经济学、生物学、农学等多个不同学科，多元的视角为我们研究食品安全战略提供了不同的思路，但是跨学科交叉融合的系统战略研究视角相对较少，值得我们更多地关注和探索。

---

① 加拿大麦吉尔大学教授明茨伯格（Mintzberg）认为，人们在生产经营活动中不同的场合以不同的方式赋予战略不同的内涵，说明人们可以根据需要接受多样化的战略定义。在这种观点的基础上，明茨伯格借鉴市场营销学中的四要素（4P）的提法，提出战略是由五种规范的定义阐述的，即计划（plan）、计策（ploy）、模式（pattern）、定位（position）和观念（perspective），这构成战略的"5P"。

（三）我国食品安全战略研究缺乏可行性分析

相比较而言，由于国外食品安全战略已步入实践环节并处于良性发展阶段，故国内对于国外食品安全战略的经验研究较为成熟，对其的借鉴思路也较为清晰，但缺少与我国实际国情的对比研究，以及对我国的适用性分析，未能结合我国国情提出适应性的措施，在可行性研究方面还有所欠缺。例如，我们知道美国的联邦、州、地方、领地、部落进行区域间的合作是很好的方式，但如何将这种方式应用于我国中央政府与地方政府之间的食品安全战略合作？加拿大严格的食品安全执法规范与我国的食品安全法相比，有哪些经验可以借鉴和吸收？我国的食品安全战略研究尚处于理论建构阶段，学者们基于国外的食品安全战略实践，总结相应的理论和经验，为我国食品安全战略的理论研究提供参考，同时为我国食品安全战略的实施和落地提供指导。这些理论研究需要根据本土实际进行论证和转化。另外，从战略态势[①]来看，国外的战略较多地属于分析型和反应型战略，注重对问题的处理和过程的控制，缺少防御型和探索型战略，即缺少基于环境条件分析的食品安全风险交流、应急管理和预警战略。从战略阶段来看，对食品安全战略实施背景和可行性分析不足，缺乏对内部和外部战略环境以及社会公众在战略实施过程中所发挥作用的考察；对食品安全战略实施过程中的问题分析较少，缺乏对战略实施案例的追踪研究，这意味着对于食品安全战略的评估和反馈受到忽视。

综上所述，学者们从不同角度提出了食品安全战略各层面的问题，既有食品安全战略理念定位，也有食品安全战略规划方案，还有具体的实施路径，包括安全产业政策、质量伦理战略、人才培养战略、协同治理等多种战略构想。这些研究丰富了我国食品安全监管与治理的内涵，但尚未就食品安全战略的概念范畴、指导思想、基本原则、总体目标、控制体系等

[①] 四种战略态势，即防御者（defender）、探索者（prospector）、分析者（analyser）、反应者（reactor），是雷蒙德·迈尔斯（Raymond Miles）和查尔斯·斯诺（Charles Snow）1978 年在《组织战略、结构和方法》(*Organization Strategy, Structure, and Process*) 一书中提出的战略管理理论。

达成广泛共识，在系统性、规范性、可行性方面还远远不足，有待专家学者们做进一步探讨。

七、研究展望

食品安全战略作为一种立体式框架，具有全局性、系统性、长期性的特点，可以指导我们在食品安全治理中各个方面的行动。研究和制定真正意义上的国家食品安全战略，在我国是一种全新的挑战，可谓意义深远，责任重大。

总结以上，可以看出我国食品安全战略研究正经历由粗浅到深入、由单视角到全景式的转变，关于食品安全战略的专著及报告也正转化为重要成果。今后应加强食品安全战略体系的交流对话研究，为形成食品安全战略共识而进行沟通合作。在市场经济充满活力的今天，食品安全问题刻不容缓，但不同国家或不同地区有不同的发展阶段，在进行相关研究与经验借鉴时，不能照抄照搬国外现有的食品安全治理模式，还要考虑本国的特殊国情，寻找最适合本国国情的食品安全发展战略。同时，考虑到政府单主体监管中的过程碎片化和效率滞后性问题，食品安全治理呼唤社会共治的战略创新，而社会共治模式依然面临着多种多样的复杂性挑战。这不仅需要政府部门的高度重视和系统研究，也需要食品行业、专家学者和消费者的建言献策和广泛参与，在理论与实践中不断探索，从而达成战略共识，推进战略实施。

参考文献

[1] 希特. 战略管理：概念与案例 [M]. 北京：中国人民大学出版社，2013（6）：11-23.

[2] 石盛林. 战略管理认知学派研究综述 [J]. 科技进步与对策，2017，34（6）：156-160.

［3］杨中柱. 加强食品安全建设的战略思考［J］. 防灾科技学院学报, 2009, 11（2）: 40-43.

［4］宋洪波. 食品质量与安全专业发展战略研究［J］. 福建轻纺, 2009（11）: 42-43.

［5］徐俊. 我国食品安全科技发展战略重点［J］. 农产品加工: 创新版, 2009（3）: 15.

［6］阮兴文. 保障食品安全更需国家战略产业政策: 兼评《食品安全法》的规范价值［J］. 社科纵横, 2009, 24（6）: 66-68.

［7］赵美玲, 郭军康. 我国食品安全发展态势的战略情报研究［J］. 现代情报, 2010, 30（9）: 19-22.

［8］王岳, 潘信林. 战略管理: 地方政府食品安全危机管理合目的理性与工具理性的双重需要［J］. 湘潭大学学报: 哲学社会科学版, 2013, 37（1）: 22-25.

［9］张杰, 杜海燕, 张文胜. 食品安全智库跨学科协同模式探索: 以天津科技大学食品安全战略与管理研究中心为例［J］. 中国轻工教育, 2014（5）: 51-54.

［10］金江军. "三轮"驱动食品安全战略实施［J］. 中国食品报, 2015（3）: 1-3.

［11］韩俊. 实施食品安全战略 完善我国食品安全治理体系［J］. 中国经济报告, 2015（12）: 22-24.

［12］谭治国. 加强食品安全建设的战略思考［J］. 粮食流通技术, 2016（16）: 12-13.

［13］余吉安, 杨斌. 质量伦理、信息传递与模式变革: 社会责任视角下食品企业的战略创新［J］. 中国软科学, 2016（1）: 184-192.

［14］程同顺, 贾凡. 从国家安全高度治理食品安全［J］. 思想战线, 2017, 43（1）: 60-66.

［15］闫志刚. 制定国家食品安全战略应关注的三个问题［J］. 中国食物与营养, 2018, 24（2）: 5-9.

［16］国务院发展研究中心中国食品安全战略研究课题组. 中国食品安全战略研究［J］. 农产品质量与安全, 2005 (2): 4-7.

［17］余从田, 姜启军, 熊振海. 食品安全"模式"构建的理论基础与路径选择［J］. 农业经济, 2011 (1): 9-11.

［18］胡颖廉. 食品安全战略的路径选择［N］. 学习时报, 2015-11-19.

［19］胡颖廉. 国家食品安全战略基本框架［J］. 中国软科学, 2016 (9): 18-27.

［20］罗杰. 我国食品安全战略解析与建议［J］. 食品科学, 2018 (3): 1-7.

［21］兰洪杰, 李龙飞. 食品冷链物流系统战略层协同研究［J］. 中央财经大学学报, 2010 (7): 81-86.

［22］龚海涛, 张晟义. 协同性、竞争战略与涉农（食品）供应链的可追溯性［J］. 新疆大学学报: 哲学·人文社会科学汉文版, 2010, 38 (4): 10-14.

［23］杨林. 基于全球统一标识系统的食品安全追溯体系实施战略研究［J］. 质量技术监督研究, 2010 (6): 54-57.

［24］汪鸿昌. 食品安全治理：基于信息技术与制度安排相结合的研究［J］. 中国工业经济, 2013 (3).

［25］王殿华, 翟璐怡. 全球化背景下食品供应链管理研究：美国全球供应链的运作及对中国的启示［J］. 苏州大学学报: 哲学社会科学版, 2013, 34 (2): 109-114.

［26］郭曙光, 王叶. 社会资本视角下食品供应链质量安全战略研究［J］. 中国经贸导刊, 2015 (5): 59-60.

［27］何翔. 食品安全国家标准体系建设研究［D］. 长沙: 中南大学, 2013.

［28］王超. 我国食品安全标准体系框架构建研究［D］. 太原: 山西医科大学, 2014.

[29] 江虹. 国际食品法典标准的趋同: 兼论我国食品安全标准体系的应对 [J]. 湘潭大学学报: 哲学社会科学版, 2016, 40 (1): 34-37.

[30] 刘畅. 基于风险社会理论的我国食品安全规制模式之构建 [J]. 求索, 2012 (1): 149-151.

[31] 李静. 我国食品安全"多元协同"治理模式研究 [D]. 南京: 南京大学, 2013.

[32] 冯朝睿. 整体性治理视阈下的中国食品安全监管研究 [D]. 昆明: 云南大学, 2015.

[33] 牛亮云. 食品安全风险社会共治: 一个理论框架 [J]. 甘肃社会科学, 2016 (1): 161-164.

[34] 王蕊. 全球化下食品安全治理模式及中国的战略选择 [D]. 天津: 天津科技大学, 2016.

[35] 慕静. 创新驱动下的食品安全协同治理的战略路径研究 [J]. 食品工业科技, 2017 (2).

[36] 马同斌, 刘乾凝, 闫丽春, 等. 首都农产品安全产业战略研究: 基于京沪渝三市农产品发展战略的比较 [J]. 中国农学通报, 2013 (33): 405-408.

[37] 吕丹丹, 刘晓莉. 协同治理模式下食品安全刑法规制的战略选择 [J]. 学术探索, 2015 (11): 63-68.

[38] 王琳. 食品安全危机管理中的国际战略沟通研究 [D]. 上海: 上海外国语大学, 2017.

[39] 杨志花. 欧盟食品安全战略分析 [J]. 世界标准化与质量管理, 2008 (4).

[40] 魏益民, 赵多勇, 郭波莉, 等. 联邦德国食品安全控制战略和管理原则 [J]. 中国食物与营养, 2011, 17 (4): 5-9.

[41] 彭亚拉. 关于我国食品安全财政投入的思考及对策: 基于对比分析美国的食品安全财政预算 [J]. 中国软科学, 2014 (10).

[42] 韩永红. 美国食品安全法律治理的新发展及其对我国的启示:

以美国《食品安全现代化法》为视角［J］. 法学评论, 2014（3）: 92-101.

［43］刘畅. 日本食品安全规制研究［D］. 长春: 吉林大学, 2010（5）.

［44］杜治琴, 严卫星, 陈辉. 加拿大食品监督管理体制简介［J］. 中国卫生法制, 2003（4）: 45-46.

［45］刘智勇. 食品安全社会共治: 制度创新与复杂性挑战［J］. 中国市场监管研究, 2016（2）: 28-32.

［46］孙宝国, 周应恒. 中国食品安全监管策略研究［M］. 北京: 科学出版社, 2013.

［47］WHO. Advancing food safety initiatives strategic: plan for food safety including foodborne zoonoses 2013—2022［R］. Geneva: World Health Organization, 2014.

不是一个人的战斗（后记）

进行市场监管研究，对我而言是一个偶然的机缘，也成为我新的学术起点。2009年我博士毕业，进入首都经济贸易大学工作。我的研究领域是公共管理理论和公共政策分析，对市场监管一知半解。在海外读书期间，我读过一些与市场监管相关的文章，但还是雾里看花，不知其所以然。为什么这样说呢？这是因为：新公共管理理论和实践的发展形势如火如荼，其中解除规制（日文汉字是"规制缓和"，英文是"deregulation"）成为新公共管理的一个重要内容；市场化、私有化（日文汉字为"民营化"，中文也称"民营化"，英文是"privatization"）和分权化成为改革的主流趋势，这样，政府监管的必要性、价值探讨、范围程度，以及如何更好地监管等就成为理论和实践绕不开的话题。所以我对相关文献和西方发达国家的一些做法，多少有一些了解。记得最清楚的是一本描述欧洲市场化改革的著作 More Freedom, Better Regulation，这是一部文集，作者记不清了，它讨论了欧洲许多国家企业改革的各种案例和过程。但因为始终觉得离自己的专业很远，也就读得囫囵吞枣，书的内容记得很模糊。刚到首都经济贸易大学工作时，负责行政管理学科的陈季修教授交给我的第一个科研任务就是参与《工商行政管理新论》的撰写工作。说老实话，即使来到首都经济贸易大学工作，我也并不知道这所学校在工商行政管理领域的研究有近三十年的历史和它在该研究领域的国内领先地位。我对这个领域没有研究，也没有准备。但领导交给我的第一项任务，我不敢推脱，于是诚惶诚恐地答应下来，并在开学上课前恶补了几个月相关知识。所幸，陈老师对初稿没有更多的挑剔（实际上后来陈老师对稿件进行了刀砍斧削），反倒是讲了很多肯定和鼓励的话，并非常认真、严肃地指出：从我们国家市场经济发展形势看，市场监管这个领域将来会有很大的发展空间，而这个领域的研究很少，希望你能在这个领域有所作为。我虽然听得懵懵懂懂，但鼓励、期望之意还是领悟到了。这对初出茅庐的我来说还是有些受宠若惊的，也有了在这一领域深入研究的想法。

一晃十年过去了，在老一辈知名学者娄成武、曲德森、陈季修等教授和在市场监管领域颇有成就的张国山教授的带领和帮助下，我从工商行政管理的历史和基本脉络学起，边学习边梳理，慢慢积累了许多研究资料和素材。我参与了很多工商行政和市场监管领域的研究，如参与撰写《工商行政管理新论》《基层所长的行政领导力》，编写《工商行政与市场监管论集》，主持并参与国家级项目和省部委办局课题多项，相关的论文也陆续发表在《中国行政管理》《中国市场监管研究》《中国医药报》等学术期刊和媒体上，发起、参与并组织了"科学监管与监管科学论坛"（该论坛已连续举办四届）。

这部作品是我近十年来在市场监管领域学习、思考和探索的成果，无论其有无影响、价值多大、算不算成绩，都是我学术成长的一个历史印记。在这个成长过程中，我有过迷茫，有过通宵达旦、挑灯夜战的劳累，也有过收获的欣喜和愉悦，我的认识逐步深入。忘不了陈季修、曲德森教授的悉心指导、谆谆教诲，忘不了申建军、蒋泽中、段霞教授的热情鼓励和支持，更忘不了张国山教授的引领明示、推动提携，还有和赵韵玲教授、潘娜副教授、黄衔鸣博士在一起奋战的无数个日日夜夜。学术研究的道路上洒满了汗水，同时也充满了欢乐。在此，谨对各位师长、同事的指导与帮助深表感谢。成长和前行的路上，我始终不是一个人在战斗，有强大的团队支撑，始终充满向上的力量。

教育部公共管理本科类教学指导委员会主任委员娄成武教授既是学科专业的领导、师长，也是市场监管领域研究的前辈，多年来关心着我的成长进步，并欣然为本书作序。我对娄教授的感激之情深怀于心，更增强了前进的动力。

我所带的研究生们对监管问题和食品安全治理问题产生了浓厚兴趣，

完成了十余篇学位论文。对本书的文稿的整理，郭燕、苗曾志、钟月明和吴件同学投入了很多精力，贡献了很多智慧，在此对他们做出的贡献表示感谢！

首都经济贸易大学出版社社长助理赵杰以及编辑彭芳对本书的出版提出了很多很好的建议，衷心感谢并致以诚挚敬意！